臺灣舊情綿綿

潘憲榮 著

文　學　叢　刊

文史哲出版社印行

國家圖書館出版品預行編目資料

臺灣舊情綿綿 / 潘憲榮著. -- 初版 -- 臺
北市：文史哲出版社,111.07
　　頁；　公分（文學叢刊；461）
　　ISBN 978-986-314-607-0（平裝）

863.55　　　　　　　　　　111008334

文　學　叢　刊　461

臺灣舊情綿綿

著　　者：潘　　　　憲　　　　榮
出版者：文　史　哲　出　版　社
　　　　http://www.lapen.com.tw
　　　　e-mail：lapen@ms74.hinet.net
登記證字號：行政院新聞局版臺業字五三三七號
發行人：彭　　　　正　　　　雄
發行所：文　史　哲　出　版　社
印刷者：文　史　哲　出　版　社
臺北市羅斯福路一段七十二巷四號
郵政劃撥帳號：一六一八○一七五
電話 886-2-23511028 ・ 傳真 886-2-23965656

定價新臺幣二四○元

民國一一一年（2022）七月初版

自　序

舊情綿綿　幸福回甘

懷舊景物，刻畫著歲月的記憶；更融合著先人的智慧。隨著時代的進步，有些場景已不復見，有些成了思念的滋味；有些成了賞心悅目的藝術品……

旅行寶島各地，每遇見傳統美食、器物或行業，深覺格外親切，捕捉這些美好畫面，常會帶來不少寫作靈感，為分享這些美好事物，我將發表於各報副刊的相關文章彙整成冊，名為：「臺灣舊情綿綿」，希望歲月純釀的記憶，能帶來幸福回甘的滋味。

本書區分三輯：輯一懷舊幸福滋味 19 篇，傳統阿嬤的美食，展現先人的好手藝，隨緣品嘗，享受生活的小確幸，心中洋溢滿滿悅樂。輯二刻劃歲月流光 24 篇，時光不斷向前推移，偶而停下腳步探索先人的步履，更能帶來前進的動力。輯三老行業新風采 18 篇，隨著時代的改變，傳統的行業逐漸沒落，所幸，有些行業在蛻變中，仍傳承著先人的智慧，煥發新願景。

歲月流轉，每一個相接續的步履，都有它存在的意義；值得肯定是，有些年輕朋友在傳統的景物中，領略出先人生

活軌跡的暖意與對土地溫厚的情感，融入了文創思維，帶來新風貌。不論是食物料理、生活器具、空間設計……均注入了懷舊美學與淳樸務實的功夫，在講求新潮與時尚中，獨樹一格，帶來令人驚豔的風貌。

　　文學創作誠然是美好的心靈之旅，文中常憶起童年的歲月，回首參雜酸甜苦辣的時光，發現那是滋養生命成長的泉源。非常感謝父母在物質匱乏的歲月，讓我們留下美好的記憶，讓我們學會積極樂觀的面對人生，在喧嚷紅塵中，保有喜樂的心；在漫漫歲月裡，最令人難忘的是父母為了子女，日夜奔波、操勞的身影，而這些往往交疊著「臺灣舊情綿綿」的風采。

　　摯愛的妻子玲茹，在寫作過程也經常和我分享她的童年回憶；在閒談中，有時也會笑到眼淚滾出來，有時也會勾起辛酸的記憶；我喜歡這份心靈的激盪，這份暖暖甜甜的滋味，帶來不少生活樂趣。

　　感謝文史哲出版社彭雅雲女士及工作同仁的協助，讓「臺灣舊情綿綿」的文字能在文學的園地，鋪陳「鄉土情人間愛」，留下先人不朽的履痕、身影；在攘攘的時空中帶來沉穩與樂活的能量。

潘憲榮 謹誌 2022 年 6 月

臺灣舊情綿綿

目　次

輯　三　老行業新風采 ⋯⋯⋯⋯⋯ 121

輯一　懷舊幸福滋味

融入先人智慧的美食，散發著幸福回甘的好滋味……

便當好滋味

　　每次女兒參加校外的重要考試，妻子總會幫她準備便當；我則負責午餐時送達考場，自製便當除了較營養、衛生、可口之外，更表達一份關懷與鼓勵；看著女兒用餐時，吃得津津有味的模樣，常讓我想起一些吃便當的往日記憶。

　　小時候，帶便當最常吃的就是蘿蔔蛋，或者是半個鹹蛋，老一輩的人認為「會鹹」才吃得下飯；所以便當常會放一些比較下飯的食物，除了蘿蔔蛋之外就是鹹魚和豆豉，那時便當都會吃得一乾二淨。讀初中時，有些人吃便當的時候，會用便當蓋把菜遮掩起來，不要讓人看到自己的菜色；其實那個年代，大家的便當盒內容都差不多，在物質匱乏的時代，有得吃就要感恩了，怎可能還會挑三揀四？

　　記憶中最好吃的便當是小學五年級，爸、媽、二姐和我去羅東參加大姐護理學校的畢業典禮，在福隆車站爸爸買了三個便當。四個人吃三個便當，大家都說自己不餓，相互推來推去，你一口、我一口，結果把便當吃個精光，連一顆米粒也沒有留下，吃最多的應該是我，因為爸爸說：「囡仔要吃飽，才會大漢！」

　　也許是那次的便當太好吃了，讀軍校時每逢年過節搭火車返鄉，只要遇到用餐時間，一定會買個台鐵便當，享受那

份美好的滋味。當年臺鐵便當盒也曾多次改變，有圓形的鋁盒、不鏽鋼盒、木片盒……等。但不管包裝如何改，內容都大同小異，大家最常吃的就是排骨便當，這種便當除了有料好實在的排骨之外，通常有雪裡紅和兩片醃漬的黃蘿蔔，還有那香噴噴的米飯。

踏上軍旅之後，演習時，大多是吃便當，部隊的便當盒是長方形的鋁盒，容量特別大，保證吃得夠。那時伙食也是演習評分的項目，體力就是戰力，吃得好、吃得飽才能維持戰力；因此，各單位都非常重視。不論演練的攻防戰術再好，伙食出了問題，成績恐怕也不會太好。

記得我當排長時，我們連長姓馬，是行伍出身的軍官，演習用餐時間，一定要確定每一位阿兵哥都拿到便當，他自己才用餐。而且他還會問一句：「衛哨勤務兵的便當，有沒有保溫？」尤其是冬天時，他希望阿兵哥都能吃到熱騰騰的飯。那時我們連上的演訓成績都不錯，阿兵哥常會自我要求：「要好好表現，不要讓連長被修理。」也許是弟兄們為了感念長官「視袍澤如手足」的情義吧！

擔任教職在學校服務時，我最喜歡吃內人為我準備的便當，每次吃便當，不論菜色如何都感到特別好吃。準備便當確實不容易，帶多少飯，配哪些菜都要考量。「飯少了擔心吃不飽，多了擔心體重增加」、「菜的味道太淡怕吃不下飯，太入味怕不養生」，除此之外，也要適度變化，因為再好吃的菜色，連吃三天，恐怕也會沒胃口。連續好幾年的時間，只要

能帶便當,我都非常樂意,而且我都會儘量把便當吃光光,因為這畢竟是愛心便當啊!

　　歲月流轉,便當依稀蘊藏美麗的記憶,品嚐這份幸福的滋味,心中充滿無限感恩……

原載青年日報副刊 2014.07.11

做粿憶趣

在古厝的「灶腳」，看到石磨、米漿袋和竹蒸籠等物品，感覺格外親切，不禁想起當年做粿的情景……

「要做粿囉！」記得小時候，只要聽到母親說要做粿了，全家人都會很開心，在物質匱乏的年代，偶爾打打牙祭是一件很幸福的事。也許大家要感謝老祖宗，一年四季都會安插一些節日，讓大家滿足一下「口欲」。

過節好像都要做粿來增加一些氣氛。粿的種類非常多，如年糕、發糕、蘿蔔糕、芋頭糕、草仔粿、紅龜粿……等，各種節日做不同的粿。閩南語俗話說：「甜粿過年，發粿發財，包仔粿包金，菜頭粿食點心。」每一種粿都有其象徵的意義。通常過年要做年糕、蘿蔔糕，清明時要以發糕、草仔粿

祭祖、中元節以芋頭糕奉祀好兄弟、重陽節以紅龜粿祭拜……，雖然各地風俗習慣略有不同，但肯定的是粿和節日幾乎是密不可分。

做粿先要浸米、磨米，小時候鄰長伯家有一台石磨，年節時那具石磨就會特別忙碌，左鄰右舍都會爭相來借用石磨，操作石磨看起來很簡單，其實不然，通常由一個人負責將米倒入石磨上的凹槽，一人負責推動石磨，別小看這些動作，如果「勢面」（閩南語，要領之意）不對，推起來會「卡卡」的。磨成的米漿會從洞口流出，必須預置棉布袋接收，磨畢之後，束緊袋口，帶回家放在長條椅上，用扁擔緊緊綁在椅子上脫水，將水分壓乾後變成俗稱的「粿粉」，再拿到竹篩子上搓揉，使其更有黏性與彈性。

有些粿要包餡有些不用，如紅龜粿、草仔粿、麵龜等要包餡；年糕、蘿蔔糕、芋頭糕、發糕等不用包餡。包餡的部份，鹹的大部分用蘿蔔絲或高麗菜，甜的用花生粉、豆餡……等。襯底通常用香蕉或柚子葉，這種葉子給人一種養生的感覺，相較於現在大多用油紙墊底，天然的葉子多了一份自然風味。

蒸粿火候非常重要，尤其是蒸年糕這種大型的粿，要蒸熟、蒸得恰到好處才好吃。為了保持大灶的爐火，有時母親會派我們小孩子去「顧灶」，但母親會再三叮嚀不能掀開蒸籠。「好了沒有？」有時我們也會迫不及待去問母親。「不要急、不要急！」記憶中母親蒸粿的火候拿捏得都非常準確，

也許這就是經驗吧！

　　傳統的粿魅力真是無法擋，有一回在北埔老街看到一位老阿嬤在賣草仔粿，現場邊做、邊蒸、邊賣，生意非常好。

　　「阿嬤！妳做幾年了？」「五十幾年了。」阿嬤從年輕就開始賣傳統的粿，她完全遵循傳統做法，連襯底都用香蕉葉，頗有特色，光用看的，就讓人垂涎三尺。

　　「太好吃了！」大部分的人都現場買、現場吃，大快朵頤之後，也不忘稱讚幾句，現在要吃到這種道地的傳統美味，實在是不容易啊！純手工的懷舊風味依稀成了品質的最佳保證。

　　做粿的步驟雖然繁複，但分工合作的過程卻充滿樂趣；現代人想吃粿，通常是在菜市場買現成的；雖然方便，但卻少了一份全家人共同參與的趣味性，而且現在的粿大多是用機器磨漿，甚至有些用糯米粉直接製作，和以前比起來，少了一份阿嬤的滋味，還有融合在粿裡香醇、溫馨的回憶！

原載更生日報副刊 2013.10.12

粽子的幸福滋味

在傳統市場看到一個攤位在賣粽子,「好吃的古早味肉粽!」阿嬤強調是自己包的,保證好吃,買了幾顆回家,吃起來果然有童年的味道……

「燒肉粽喔!」小時候除了端午節之外,平常也有小販騎著腳踏車賣肉粽,尤其是寒冬夜晚聽到燒肉粽的叫賣聲,真會讓人垂涎欲滴。其實,印象中最好吃的粽子,是全家人分工合作包的粽子,這種粽子除了可口之外,也融入了一家人溫馨的互動。

粽子各地做法不太一樣,以本省粽為例,南部粽是將未炒過的糯米加入料理好的餡,用煮的;北部粽則將糯米先炒到半熟再加入料理好的餡,用蒸的,各有不同風味。記得小時候端午節綁粽子時,全家人都要總動員,母親會再三提醒我們每一個步驟都要留意,粽子才會好吃。不論是用麻竹葉、月桃葉、野薑花葉、箬葉,都要一葉一葉清洗,內面要擦乾;米一定要先淘洗乾淨;內餡如香菇、豬肉、魷魚、花生米……等要先料理好備用。母親包粽子的動作十分靈巧,尤其是包起來的大小非常一致,而且每顆都非常飽滿。另外,煮粽子也是一門學問,時間要拿捏恰當,煮太久會太爛,火候不夠則不熟,這些情形都會影響粽子的口感,幸好在母親的嚴謹

把關下，這些狀況似乎從未發生過。

剛煮熟的粽子特別好吃，尤其打開粽葉的剎那，看著有稜有角的粽子冒著熱氣，感覺特別可口。每次吃到母親親手包的粽子，心中總會洋溢著幸福的感覺。隨著年歲增長，要再吃到有媽媽味道的粽子，機會似乎越來越少；尤其是踏上軍旅之後，戎馬倥傯，過節經常要戰備留守，能回家吃顆粽子，成為美麗的期待。還好，軍中就像大家庭一樣，端午節也會準備粽子，讓大夥兒解解饞，吃顆粽子，雖然味道不一樣，卻也能沖淡幾許鄉愁。

「端午節要不要回來吃粽子？」過節前夕，母親都會來電，再三詢問我要不要回家吃粽子。每次聽到母親的聲音，心中總會湧現一股馬上回家的衝動，記憶中粽子依稀連結濃濃的思鄉情懷與母親的呼喚。

家人雖然喜歡吃母親包的粽子，但看著母親日漸斑白的頭髮，和逐漸衰退的體力，心中總有諸多不捨。

「媽，現在買粽子很方便，不用再綁啦！」我們擔心母親過於勞累，勸她不用再這麼辛苦，但她仍執意自己包粽子讓家人享用，直到她坐骨神經發炎雙手無力，不得已才收工。現在，想吃粽子，只好用買的，有時我們也會四處打聽哪家的粽子比較好吃；有些口味真的不錯，但感覺似乎還是欠一味，一份深藏在內心深處的幸福滋味。

也許是在找尋記憶中的味道，每次到各地旅遊看到粽子，總會忍不住買幾顆吃看看。有一回去石碇，看到「一粒

粽」的店家，好奇的問老闆為何取這個名字？老闆說因為我們希望用心包每一粒粽子，讓顧客吃了之後能找到懷念的滋味。當下買了一個，現場品嚐熱騰騰的粽子，一種似曾相識的美味縈繞心頭。粽子的魅力真是無法擋，有一次去新竹內灣老街，賣野薑花粽的攤位特別多，而且生意都非常好，打開野薑花葉子，粽子散發淡淡香味，多了一份特有客家風味。「這粽子真好吃！」走在老街，耳畔頻頻聽到讚美聲；或許很多人也在找尋一份懷舊的味道吧！

　　粽子，對有些人來說，也許只是可口的美食；但對我而言，不但是美食，更是一種美好的記憶；因為它包藏著對母親無限的思念和感謝……

載中華日報副刊 2013.06.12

懷舊麵茶香

　　在鹿港老街看到賣「麵茶」的攤位，香噴噴的味道勾起不少美麗的回憶……

　　在物質匱乏年代想喝牛奶談何容易，一碗濃稠的麵茶就是最好的營養品，麵茶在當年是非常流行的小吃，當正餐或點心皆適宜。「麵茶哦！」賣麵茶的小販經常在人潮較多的廟會、夜市出現，有時也會沿街叫賣，最讓人印象深刻的是，有些麵茶擔子的水壺沸騰時會發出「嗚、嗚」的聲音，讓你老遠就知道好吃的麵茶來了，老闆除了賣麵茶之外，通常也會有酥餅之類的點心，一碗麵茶配上酥餅真是人間美味。

　　麵茶粉的製作並不難，但一定要按照步驟，注意火候，不能燒焦。小時候很多人家都會自製麵茶，也經常會交換製作經驗。母親製作麵茶時，會先用豬油炒紅蔥頭熱鍋、爆香，加入麵粉用小火慢慢炒至麵粉的顏色漸漸變成黃褐色，慢慢飄出香味為止，等涼了再加入炒好備用的黑芝麻，另外再放入適量的砂糖攪拌，即告完成。我問母親為何糖不要和麵粉一起炒？母親說這樣糖會融化掉，味道無法均勻，生活中真的處處皆學問。

　　麵茶要好吃，除了炒麵粉的火候要恰到好處之外，沖泡的水熱度一定要夠，用熱騰騰的水沖泡才會有香醇而黏稠的

感覺。麵茶是一種純天然的食品,不像現在的飲品要擔心色素、香料、塑化劑……等問題。在寒冷的冬天裡,全家人一起喝麵茶,熱呼呼的感覺,特別溫暖。

也許是時代進步與飲食習慣的改變,賣麵茶的人越來越少,只有在老街或廟會偶爾會出現這種懷舊美食。

記得軍校畢業後戍守馬祖,那一年的冬天,母親寄來禦寒衣物,包裹中有一包母親自己調製的麵茶,「有加很多你喜歡吃的黑芝麻」,母親特別在包裝上加註了幾個字,看了格外溫馨。「好香醇美味的麵茶!」用滾燙的熱水沖泡一碗麵茶,慢慢啜嚐這份滋味,沖淡了不少鄉愁。

傳統的手工麵茶是物質匱乏歲月的美食,喝一碗麵茶,回味一下融合著童年美麗的回憶,感覺滿不錯的!

原載臺灣時報臺灣文學 2012.08.07

懷舊情　擂茶香

　　放慢腳步，徜徉古樸巷弄，常有令人驚豔的景致。

　　假日，偕內人造訪新竹北埔，體驗客家聚落的美麗風情。順著古蹟「金廣福」旁的巷道前行，幽靜巷道散發懷舊氛圍，教人腳步格外輕鬆……

　　「找一家茶坊體驗擂茶吧！」紅磚牆旁有一家「水井茶堂」，散發古色古香的氛圍，門口有一個大水甕，甕的上方是引水竹管，潺潺水流依稀述說著光陰的故事。

　　簡樸、懷舊的布置往往能營造悠然情境。走進茶坊，環保回收的舊木頭桌椅、紅色燈籠、方形木窗……，原汁原味呈現早期客家聚落的生活景況。古厝，融合著先人刻苦、樸實的精神。前院種植北埔的原生植物、盆栽，在古色古香的空間裡，增添幾許青翠綠意。

　　「怎麼會有如此詩情畫意的地方？」緣起於北埔文史工作者古武南，發現北埔有不少老屋，在歲月侵蝕下，任其老舊破損，覺得非常可惜。「如何活化這些老舊的古厝，讓遊客走進屋內體驗客家風情……」這位客家子弟起心動念，並積極付諸行動，讓古厝恢復原貌，成立這家充滿客家風味的擂茶坊，取名「水井茶堂」，這個古樸名字除了融合懷舊意境之外，有著另一層意涵；古武南言：「水井的『水』用作閩南語

是美麗的意思，水井的『井』用作客語則變成靚，也是美麗的意思。」的確，美才能磁吸旅人的腳步；保持地方特色，重現美麗事物，應該是文史工作者最重要的使命；一份愛鄉、愛斯土的情懷，鋪陳賞心悅目的情境，連結不少人美麗的記憶。

走進茶坊，我和內人選定靠窗位置，服務人員送來擂茶的材料和工具，食材有花生、黑白芝麻、南瓜子以及綠茶。工具有一個大碗公和一支小木棍，「將所有食材放入碗公裡，一手握木棍上方，一手握下方，由下方的手負責磨動……」店家的服務人員教我們如何擂茶，要將所有的擂茶材料都磨成粉末狀，並飄出香味，然後沖泡熱水攪拌均勻，就算大功告成。

「好香醇的味道！」相傳，早年客家人生活艱苦，自中原避禍到南方一帶，通常都會隨身攜帶著茶葉、芝麻、花生……等較為輕便的食物，肚子餓了，就磨成粉末狀，沖泡開水食用，可口、營養又能充飢，挺不錯的！

美好事物總會牽引心靈的感動與記憶。擂茶是客家族群在艱苦時代的生活食品，融合客家人吃苦耐勞、重視養生的精神，和一份難以割捨的情感。擂茶，充滿客家懷舊風味；在熱心人士的薪傳下，飄送著淡淡芬芳……

原載馬祖鄉土文學 2016.08.31

竹蒸籠的好滋味

在鹿港老街，看到老阿嬤用竹蒸籠在蒸粿，蒸騰的水氣，牽引著美麗的記憶，讓人感到格外親切……

在農業社會蒸籠是家家戶戶必備的廚房炊具，過年過節時蒸粿、年糕、米糕都必須靠它。蒸籠有大有小，而且可以堆疊數層，使用頗為方便，竹蒸籠具濃濃古早風味，至今仍然受到很多人的喜愛！

製作蒸籠一般以彈性較佳的桂竹、孟宗竹為主，再搭配檜木。竹製蒸籠無法以機器大量生產，每一個步驟必須由手工來製作，從劈竹片、刨木片、成形、結合都必須非常用心，除了有純熟的技巧外也要很注意各種細微末節，稍有疏忽就會影響品質。

小時候，村子裡有一家專做竹蒸籠的竹器行，生意非常好。每次路過，很多人會停下腳步，看看師傅純熟的技藝。師傅先將竹子削成條狀，依製作的大小尺寸將竹條拗成基本的主體架構，然後再以檜木片結合在竹條圈內，如何塞緊密合必須憑藉真功夫。通常底部用桂竹片，蓋子則用竹篾編成，蒸籠製作必須非常精巧，尤其尺寸的大小要拿捏得非常恰當，蒸籠的蓋子與蒸籠才能密合。太緊或太鬆都不行，讓人讚嘆的是，師傅憑藉簡單的工具，卻能精準的拿捏尺寸，也

許這就是所謂「熟能生巧」的工夫吧!

　　記得童年時,母親蒸粿都用傳統竹蒸籠,用這種蒸籠做出的食物會有淡淡竹香與檜木香滲入,形成特殊口感。「要掀蓋子了嗎?」過年蒸年糕,我們這些小孩子都會圍著大灶,看著竹蒸籠掀開的刹那,一陣香味撲鼻而來,讓人垂涎!竹製蒸籠依稀融合著童年美麗的回憶。現在年節,很少人會自己做粿,這種掀開竹蒸籠的趣味,也許只能在記憶裡飄香……

　　現在的蒸籠大多是鋁製,這種蒸籠製作較容易,也比較堅固耐用,但這種材質不會吸水,有時蒸汽匯集在鋁片上,會造成食物的糜爛或熱度不均勻的現象;更重要的是,相較於竹製的蒸籠少了一份傳統阿嬤的味道,一份香醇甜美讓人回味無窮的滋味。竹蒸籠,多麼讓人喜愛的竹器,它豈只是廚房炊具,更是一種生活藝術品啊!

原載臺灣時報臺灣文學 2013.03.15

柿柿如意迎金秋

　　秋冬季節，正值柿子成熟時，新竹地區傳統的「曬柿」場景，散發著迷人丰采；磁吸不少遊客的腳步……

　　假日，偕同內人走訪新竹地區柿餅觀光農場。「好漂亮的畫面！」走進園區，一籃籃金黃色的柿子，綻放著笑靨，迎接訪客。在古厝的襯托下，飄送著喜樂氛圍。陽光、古厝、柿子連結成一幅幅優美的畫面。

　　為方便遊客拍攝曬柿子的美麗風情，曬柿場備有樓梯供大家取景。一眼望去，成排的柿子在實施日光浴，頗為壯觀，在陽光的照耀下，鮮麗的柿子泛著微微光澤，非常吸睛。也許是美麗的景緻，讓人心情格外愉悅，這裡每一個人的臉上流露著笑容，輝映著亮麗陽光，大家忙著捕捉美麗鏡頭。曬場角落有一隻可愛

的貓咪，端坐在旁，望著一粒粒圓滾滾的柿子，偶而也會發出「喵、喵」的叫聲，彷彿也在讚頌著景色的美好。

　　為了解柿餅的製作流程，我和內人特別前往作業場參觀，牆上貼了一張流程圖，包括：選果清洗、去蒂削皮、碳烤日曬、捻壓整形、烘焙殺菌等，看起來頗為費工。

　　「現在很多柿餅業者，都已用機器生產，你們為何仍採用手工？」

　　「手的溫度，才能做出有感情的東西，這些是機械無法取代雙手的……」老闆面露微笑回答我，何以仍堅持手工的原因。的確，相較於機械生產，傳統手工有一種難以取代的懷舊風味。

　　作業場外，有一處烘焙室，舊式的大火爐正燃燒著熊熊烈火，老闆說：「烘焙柿餅，柴火也很重要，我們選用龍眼木，雖然成本較貴，但烘焙出來的東西，會有一種淡淡的芬芳……」店家連柴火也非常講究，真是難能可貴。現在烘焙柿餅，大多以現代化機器取代傳統火爐，以降底成本及縮短製造時程；這種飄送淡淡碳烤香的傳統方式，已不多見。

　　阿嬤的滋味有時也是一種品質保證，傳統作法的確較費工、費時、成本也比較高，但品質看得見，最重要的絕無添加物，比較養生……，老闆說出了自己的觀點。「你們試吃看看！」老板很大方拿出柿餅請大家試吃，口感果然非常香 Q 美味，吃在嘴裡，有著「好東西與好朋友分享」的美好感覺。也許傳統手工利潤較少，但會獲得更多的肯定與讚美，這就

是最大的回饋呀！在食安問題越來越受重視之際，傳統「照步數」的務實作法，反而更顯得彌足珍貴。

　　值得一提的是，園區亦提供各種文創活動，如柿子布娃娃ＤＩＹ、柿染、捏柿餅、陶器彩繪等，讓大家體驗「柿柿如意」的藝遊樂趣。尤其是柿染，別具創意，他們將削下的柿皮製成天然染劑，淡咖啡的顏色漂亮而典雅，不論做頭巾、簾布、拼布創作都非常有客家風味，而且不會褪色，頗具特色與發展潛力；另外，也推出柿子冰、洛神花茶、古早味粿和口味獨特的柿餅雞湯等，天然的美食，讓人讚不絕口。

　　「食品是良心事業，把顧客當親人、朋友就對了！」這家「景美、物美、人文風采更美」的幸福農場，薪傳先人「推己及人」的理念，用心經營，讓柿餅除了可口與美味之外，依稀也添加了不少友善情誼，值得喝采！

　　　　　　　　　　原載青年日報副刊 2015.11.04

米粉的自然風味

　　傳統手工食品，除了美味外，更多了一份難以言喻的親切感與信任感。

　　隨團參加新竹市政府推出的「香山走透透小旅行」，參訪頗負盛名的新竹米粉老店，這家歷史相當悠久的米粉廠，仍堅守傳統作法，讓人倍感親切。大夥兒循著製作流程參觀，從輸入米漿，調製成型及蒸煮，再經過披米粉及日曬，每一個流程都必須拿捏恰當，才能生產出質佳味美的米粉。傳統手工米粉製作，的確非常繁複而辛苦，加上利潤不高，傳統工廠大多已轉行或改變生產方式。鼎盛時期，新竹手工曬米粉業超過百家，現剩不到十家，讓人不勝唏噓！「來，大家嘗試一下披米粉的步驟！」這個動作是將米粉一份一份折放在竹簽上準備日曬。我和內人下場操作，從簡單的動作中，可讓人領略到米粉與雙手互動的感覺。

　　米粉披覆在竹篾上後，拿到室外實施日光浴，一片片竹篾相連結，形成非常有特色的畫面。新竹由於地形因素，風的能量格外豐沛。「三分日曬，七分風乾」是新竹米粉最大的特色。看著曬米粉頗為壯觀的場景，心中盪漾著無限謝意；的確，傳統食品產業必須具有使命感與堅持不懈的毅力，才能將美好的古早味保存下來。

　　「用傳統手工及日曬，使米粉的口感更香 Q，前一陣有不少日本旅遊團來參訪及品嚐……」和八十幾歲的老闆打招呼閒聊，他告訴我米粉日曬和烘烤的口感不一樣，烘烤的少了陽光與風的味道，這份大自然的味道無可取代。

　　為了讓大夥兒品嚐一下新竹米粉的美味。這裡備有炒米粉免費供大家試吃。「真不錯哩！」每個人對其味道及口感都讚譽有加。米粉是非常普遍的庶民食物，其料理方式非常多元。不論是炒或煮都各有不同風味。我有幾位旅居國外的好友，每次回國，一定會到廟口、夜市，吃一下故鄉美食，最常吃的就是炒米粉和貢丸湯。多年前，剛搬到臺北，有一個冬天晚上，我和內人突然很想吃一碗具有家鄉味道的米粉湯，走遍附近的大街小巷，最後終於在一個小巷口找到，吃了一碗熱騰騰的傳統米粉湯，飄香滋味紓解了不少鄉愁。

　　多一分執著與用心，就能讓懷舊美味飄香。手工米粉，道地的鄉土美食，傳承著先人的智慧，雖然製作過程滿辛苦，但美好滋味飄送著幸福的味道，讓人回味無窮……

原載金門浯江文學 2018.08.27

手工麵線古早味

走進彰
化福興村的
小巷道，眼
前呈現一片
如白色絲綢
般飄動的麵
線，散發著
難以言喻的
美感。

　　在三合院的古厝前曬麵線，有一股特有的濃濃鄉土風
味。古厝、陽光、麵線構成了經典的畫面，不少愛好攝影者
聚精會神捕捉美麗的鏡頭，在光影的效果下，麵線如千絲萬
縷的雪白髮絲在風中舞動，展現一種悠然自在的美感，現在
要找尋這種情境已非常不容易。

　　時代在改變，很多美食由於手工的繁瑣與辛苦，逐漸被
機器取代，麵線就是一個非常明顯的實例；然而就品質而
言，傳統的手工製作程序嚴謹，尤其不會為了賣相好看或要
延長保存時限，而添加漂白或防腐劑。持平而論，傳統手工
食品，除了有一種懷舊的感覺之外，更讓人有一種信賴感。

　　福興林家麵線堅持用傳統作法，現已傳承至第三代。為了讓訪客了解如何製作傳統手工麵線，林家大方地開放參觀。手工麵線的製作流程，首先是將麵粉、鹽、水依一定的比例加以調和，然後進行揉麵、拉麵和曬麵的程序，每一個動作都必須做得非常確實。試想要將手腕大小的粗麵條，拉成細細的麵線，需要下多少功夫，不論是拉的長度、粗細都必須講究，麵線的軟硬度才會適中，產生良好的口感。通常甩麵條時由一人握住竿子，另一人甩動，力道要均衡，一拉一甩，呈現出美麗的曲線與節奏。曬麵線通常是九點之後到下午二、三點，至於曬多久？必須衡量陽光的強弱和溫度的高低，這些都必須靠豐富的經驗來拿捏。福興地區靠近海邊，陽光格外亮麗，非常適合曬麵線，這種接受陽光照拂，融入大自然風味的食品，絕非機械生產者所可比擬。曬好之後，再一小束、一小束分裝，連包裝也都是遵循傳統方式，將成束的麵線綁上紅色的橡皮筋，光用看的都可感覺到那份可口美味。在注重包裝的時代，相對的，傳統產品樸實的外觀更顯得珍貴。

　　製作麵線的工作的確非常辛苦，但老闆和老闆娘快樂的表情與和藹的態度，讓人可以感受到他們「樂在工作」的氛圍。這裡經常有人來此拍照，也許是習慣吧！老闆不急不徐，一步一步來，神態自若，絲毫不受拍照者的影響。據說林老闆父親時代，有人前來拍攝製作麵線的情景，獲得攝影大獎，增添了不少傳統手工麵線的人文丰采。「歡迎喔！」工作雖然繁忙，但他們的態度非常親切、友善，臉上經常面帶微笑，對來訪者均當作朋友般的接待，讓可口美味的麵線

依稀融入了不少溫馨的情懷。

「雖然是小本生意，但看到這麼多人對傳統的麵線如此有興趣，心裡非常高興；尤其有些學生來參觀並且寫心得，讓我覺得保有這份傳統的滋味挺有意義的……」老闆在閒聊中說出他的心聲。是的，薪傳先人的智慧與手藝，這種價值絕非有形的物質所可衡量。辛苦有辛苦的代價，林老闆如今做出興趣，也做出口碑，來訪的人潮不斷，讓他體會出薪傳先人技藝的深沉涵義；是一項工作，更是一份使命啊！

「做麵線有什麼要領？」

「用心，照步數來就對了！」簡單的話語道出傳統手藝最大的特徵就是「實實在在」，憑真功夫，做出最好的東西。

林家手工麵線，只要天氣好時幾乎都有人來參觀，有時一天來好幾輛遊覽車，宛如熱門景點。麵線是日常美食，其料理的方式很多，如豬腳麵線、蚵仔麵線、麵線糊……等，在日趨重視養生與口感的當今，傳統手工麵線正符合這種要求，因此格外受到歡迎，「好東西和好朋友分享」，來參觀者大多不會忘記買幾包當伴手禮。

傳統手工美食的製作，日趨式微，看著林老闆夫婦充滿欣喜地甩動一竿一竿的麵線，美麗的畫面依稀告訴我們：以務實、快樂、分享的心情注入食品中，就能帶來健康、養生的風味……

原載鄉間小路月刊 2014.04

逗陣來關廟　作夥來吃麵

　　陽光普照的日子，經過關廟，可以看到一種特殊的曬麵景緻。一個個竹篩內放滿曲折成型的麵條，在光影效果下，如一幅幅美麗圖畫，非常吸睛。

　　關廟麵頗負盛名，目前關廟地區有三十餘家堅持傳統日曬製麵業者。為感受這種曬麵的美麗丰采，特別走訪位於關廟東安街

的李家老店，走進曬麵廣場，陣陣麵香飄來，老闆正帶著數名員工在廣場翻動竹篩，動作非常迅速、確實，頗有節奏感。

　　「為何要翻動竹篩？」「主要是為了讓麵能曬得均勻，所以只好陪著麵一起日光浴囉！」從老闆幽默的回答，可以感受到他樂在工作的好心情。

　　「現在乾麵製造都採機械烘培，你們為何還採取傳統日曬方式？」

　　「烘培的麵生產快速，但少了一份陽光的味道……」老

闆指出，關廟麵最大的特色就是手工、日曬、不添加色素、不含防腐劑，可素食，過程雖然辛苦卻保留了最自然與養生的風味，這就是祖先製作食品堅持的原則呀！

「麵要曬多久？」「不一定，要看陽光的強度，通常 2~3 天。」這些都要憑經驗，未乾或太乾都會影響到麵的品質，在陽光照耀下，竹篩裡的麵散發出小麥的芬芳。

風和日麗的天氣最適宜曬麵，關廟地區由於陽光充足、水質良好，孕育了這種具有特色的製麵產業。關廟地區製作麵條，剛開始並無「關廟麵」的名稱，而是稱為「生麵乾」、「大麵」、「柳條麵」；由於產品風評不錯，慢慢形成「關廟麵」的稱呼。另外值得一提的是，關廟地區有一種嫁娶習俗，即在喜宴中，要準備「魯麵」（類似羹麵）宴請親朋好友及左鄰右舍的鄉親，分享喜氣；這種習俗無形中也促進了製麵產業的興盛。

「天然ㄟ尚好！」傳統製麵有不少優點，老闆說，在保鮮方面祖先留傳用海鹽的方法；在製麵的過程加入天然海鹽不但有保鮮效果，而且可增添美味，天然又養生，挺不錯的！

「做出優質產品受到大家肯定，是一件很有成就感的事……」老闆是協進長壽製麵廠第三代傳人，從小耳濡目染，學習製麵技術，做麵條雖然辛苦，但能和大家分享美食也會讓自己很快樂。「食品業是良心事業，最重要的是健康和養生……」老闆表示，長輩們耳提面命的就是要把顧客當作

親朋好友，分享最營養、衛生、可口的食物，上一代「推己及人」與務實的精神，值得學習。在製作方面，他認為：傳統技術必須和現代機器製作方式契合，尊重祖先的古老技法，保持原有風味，在傳統基礎上，不斷追求進步，才能贏得顧客的信任與肯定。

製麵要先將麵粉與水依一定比例攪拌成麵團，然後經過機具壓平後再裁切成麵條，當麵條從裁切機緩緩出現後，製麵師傅輕巧地拎起，再妥適地折放成形並置於竹篩內，擺滿竹篩後，便進入日曬階段。陽光對關廟麵而言非常重要，必須把握分分秒秒日照時間，接受陽光洗禮，提煉純正的好味道；因此，老闆形容「關廟麵」是與太陽賽跑的好滋味，頗為貼切。

薪傳祖先的智慧，並發揮創意、精益求精，是傳統產業發展的要訣。關廟麵，這個陽光下的好滋味，融合著純樸、自然的鄉土情；相信，只要一步一腳印，確保品質，必能永續經營，開拓出一片天；為愛麵族帶來生活的小確幸！

原載鄉間小路月刊 2015.09

豆腐飄香情

走過坪林老街,在街角發現一家古早手工豆腐老店,特別進去參觀。一塊一塊木板堆疊得相當整齊,還有一塊塊微微泛黃的白布,和白白嫩嫩的豆腐,看起來非常有懷舊感覺……

豆腐是傳統的佳餚,豆腐的料理非常多元,煎、煮、炒、炸樣樣都可以。當年巡迴鄉間街道的醬菜車,大多會順便賣豆腐。小時候,最常吃的菜餚就是豆腐,豆腐加點醬油,讓大家吃得津津有味,那時吃豆腐不是因為它有多麼營養,主要的原因就是豆腐比較便宜。那個年代有人稱:「豆腐是窮人的肉品。」想想,還滿貼切的。也許因為豆腐和大家生活密切,所以也有不少有關豆腐的趣談,例如閩南話有一句謎語:「一塊四角,欲呷免剝殼。」謎底就是豆腐。也有一句很鄉土的俚語:「有人興燒酒,有人興豆腐。」閩南語「興」就是喜好之意,這句話在形容每一個人的嗜好都不一樣。另外有一則廣告將豆腐的細嫩與母親柔軟的心相連結,打出「慈母心,豆腐心」的廣告詞,頗獲好評。

豆腐歷史悠久,但其材料與製作方法變化不大。記得小時候班上有一位女同學家裡是做傳統豆腐的,她長得白白淨淨很可愛,大家都叫她「豆腐西施」,有一回老師帶班上同學去她家參觀,讓大家了解豆腐的作法。傳統豆腐作法非常講究,先要將黃豆洗乾淨,然後浸泡約四到六小時,冬天天氣

較冷，泡的時間要拉長。等到黃豆泡軟發脹之後，再用石磨研磨成豆漿，並將豆渣濾除，然後將其煮沸後加入適量凝固劑，不能太多，太多會太硬，太少會太軟，並慢慢攪拌均勻，使豆漿變成豆腐腦，再倒入已鋪好白布的方形木盒裡，將豆腐腦完全覆蓋再加上一塊木頭緊壓，以便排出水份，經過三、四十分鐘左右，就大功告成，整個過程非常嚴謹。傳統豆腐講求的就是天然原味、手工精巧，所以能傳承千年依然飄香。

多年前，有一回，外祖母來臺北看我，帶她去餐廳用餐，問她要喝什麼湯？「有沒有青菜豆腐湯？」她不是客氣，也不是隨口說說，老一輩的人對豆腐，尤其是手工豆腐彷彿有著一份濃濃的情感。也許是物質匱乏的歲月，留下的喜好吧！外婆偏好養生、清淡的食物，所以身體一直非常硬朗，八十幾歲時，還能四處旅遊，很少生病。俗話說：「青菜豆腐湯，吃了保平安。」從外婆身上可印證這句話的意義。

豆腐的製作隨著時代的改變，以機器代替人力，豆腐的種類亦日益多元，如雞蛋豆腐、火鍋豆腐、百葉豆腐……等，現代餐廳推出的豆腐料理越來越多，如麻婆豆腐、紅燒豆腐、家常豆腐……等。有些鄉鎮甚至將豆腐發展成地方的特色名產，如深坑的臭豆腐、大溪的豆乾等，打著遵循古法製作，均帶來不少人潮與商機。

豆腐清熱潤燥，補脾益胃，是老少咸宜的食物，尤其是傳統手工豆腐的味道，除了營養豐富之外，更融合一份懷舊的風味，令人喜愛！

原載臺灣時報臺灣文學 2012.08.03

奉茶情　人間愛

　　每次看到寫著奉茶的大水壺,內心總是洋溢著幸福滋味,這幅人間的美景,讓人倍感溫暖⋯⋯

　　奉茶傳遞關懷與友善,假日全家人去登硬漢嶺,在半山腰邂逅奉茶的場景,有幾位山友正在取用茶水。「真是太好了!」這是「亞洲形上撈水隊」設置的奉茶點。

　　大水桶的上方,有一座手持淨水瓶的觀世音菩薩塑像,桶子寫著「奉茶」字樣,整體感覺頗為溫馨。另外有一塊看板寫著奉茶集合報名的相關事項:

　　「一、每個星期日早上:7:00～07:30。二、10 人以上團體請來電,歡迎學校參加(校外教學)。三、本隊有提供裝備⋯⋯」多麼具有意義的活動,透過奉茶,營造人與人之間的良好關係。另外有一塊牌子寫著 2014 年前進 10 個奉茶處,徵 30 名好漢,並列出大崙頭山等 10 處預訂設置目標,行善願景與積極的行動讓人感佩。

　　創始人蘇先生為何會有如此的構想?緣起於他年少時曾被山友請喝了一杯水,感念在心頭,於是他利用假日撈著沈重的飲用水到觀音山奉茶,「受人點滴,湧泉以報。」默默奉獻的精神感召了一群熱心同好加入撈水隊,迄今已邁入第二十個年頭,真是不容易啊!

　　奉茶的善念具有深沉的影響力。「揹起十公升的水，出發！」前些時候，一群臺北城市科技大學學生實施「奉茶情、人間愛」的活動，攀登硬漢嶺奉茶，從實際行動中體會人生「施與受」的心情，度過難忘的成年禮。奉茶精神隱含生命成長的元素，多麼具有意義的活動，殊值嘉許。

　　奉茶散播人間溫暖的愛。路過礁溪看到一處奉茶亭。「怎麼會有設奉茶亭的念頭？」「起先只是因為每天煮的麥茶，喝不完覺得倒掉很浪費，何不與大家分享……」巧遇奉茶主人，他告訴我，原本只是惜物之情，現在慢慢地將它當作生活的一部份，每當看到客人來喝茶，心中總是非常愉悅。很特別的是，他每天把茶桶放入奉茶亭前，會先祈求飲用茶水的人都能平安順心，真是誠意十足。

　　奉茶能廣結善緣，帶來好生意。北港有一家餅店生意非常好。除了提供大塊大塊的餅讓大家試吃之外，還奉上香醇好茶。有一回和內人到北港特別造訪這家老字號的餅店，「你們的服務真好耶！」我特別向老闆致意。「免客氣！來者是客，奉茶是應該的啦！」老闆的熱誠，讓餅店的生意日益興隆。

　　奉茶往往連結著溫暖的故事。嘉義民雄豐收村，有一位鄭姓的「奉茶婆婆」，年輕時因家境困苦，每當外出工作或撿拾柴火，常常因天氣炎熱口渴難耐，疲累之際心想：「如果這時候有杯水喝，實在太好了！」深刻的感受，讓她結婚之後，決定奉茶幫助別人，每天燒兩壺水、放兩個杯子，提供

路人飲用。她默默奉茶五十餘年，風雨無阻，傳為鄉里佳話；附近的國立大學為感念及弘揚這種關懷與服務精神，特別邀請她為學校專業服務辦公室揭牌，師長致詞時指出：「奉茶婆婆這種『推己及人』的奉獻精神，正是溫暖社會最需要的能量……」是的，唯有愛與關懷，才能為人間留下美麗的足跡。

　　奉茶如山谷溪流的甘泉，讓人心曠神怡；奉茶如山林野外的花朵，帶來醉人的芬芳；奉茶可貴的不僅是茶水，還有那份體貼他人的友善情懷。奉茶，多麼溫馨而宜人的風景……

原載青年日報副刊 2014.09.17

薑母茶的幸福滋味

前陣子寒流來襲，妻子每天都會貼心地準備一壺熱騰騰的薑母茶給家人飲用。在寒冷的天氣裡喝一杯薑母茶，真是一件很夠癮的事，熱呼呼的薑母茶不但能祛寒，而且心頭還會有一股暖暖的感覺。

薑母茶的作法並不難，將洗淨的老薑放在砧板上，用刀背拍碎或者切片，然後加入乾淨的水，以溫火燒煮，快要滾時再放入黑糖悶煮幾分鐘，即是養生的薑母茶，薑母茶最大的特點就是要趁熱飲用，涼了就失去那份風味與效用。母親說：「薑母茶具有驅除風寒、健胃開脾、活血提神……等功效。」光看老薑的外表，土黃的色澤，不規則的形狀，真有點其貌不揚，實在讓人難以想像熬煮出的薑母茶，竟有如此多的效果，植物和人一樣不能貌像啊！

小時候只要天氣寒冷或家人受了風寒，母親總會煮一壺熱騰騰的薑母茶；有時母親放太多薑，喝下去，那份嗆辣的感覺彷彿會讓人頭上冒煙，實在難以下嚥，心裡總希望母親多加些黑糖，能甜一些好入口。也許受到童年記憶的影響，現在每當家人受到風寒，除了看病之外，總不忘煮一鍋薑母茶，希望這個具有阿嬤滋味的茶飲能發揮功效，確保家人健康！

到部隊服役之後，薑母茶也有很多貼心的記憶，那時每當天氣寒冷打野外回來，部隊長官經常會提醒要煮薑母茶給弟兄們飲用，喝杯薑母茶除了預防風寒，更讓人感受到一份真摯的關懷；那時冬天在野外演訓，飯車除了送來便當之外，通常也會用保溫桶送來熱騰騰的薑母茶。預防重於治療，薑母茶彷彿是官兵的保健食品。有一年戍守花蓮山區，住在臺東的陳姓退伍弟兄送來一大袋老薑，「自家種的，天氣寒冷時給弟兄們煮薑母茶……」這份「禮輕情義重」的袍澤情誼，讓人難忘。還有一年戍守馬祖，弟兄們冒著寒風細雨在青帆港趕工，夜裡有百姓送來兩壺熱騰騰的薑母茶，「阿兵哥，辛苦了！喝杯薑母茶……」迎著海風喝一杯熱呼呼的薑母茶，心中流淌著無限溫暖。

　　薑母茶是人生美好的回憶，有著親情、友情的溫暖，喝一杯薑母茶，拂過心頭的都是滿滿幸福滋味。

原載中華日報副刊 2013.02.25

懷舊糕餅香

聽說到新莊一定要吃「鹹光餅」才會不虛此行。走進一家傳統餅舖－老順香糕餅店，陣陣香味撲鼻而來，各式懷舊的糕點，讓人垂涎三尺。這家餅舖創立於一八七〇年，目前已經傳至第四代，是非常道地的傳統餅店。

「老闆，來一包鹹光餅。」來店裡的人，大多會買鹹光餅、糕仔、鳳梨酥這些傳統口味。

鹹光餅相傳是戚繼光攻打倭寇時，所發明的糧食，味道帶有一點鹹味，故稱為鹹光餅，有人說像貝果，也有人說像甜甜圈，其實鹹光餅的味道非常獨特，甜甜鹹鹹的，風味極佳。過去百年來，在農曆五月一日新莊大拜拜時，鹹光餅經過法師祈福蓋印後，會發放給民眾，鹹光餅有象徵保平安之意，甚受大家的歡迎。另外這裡的糕仔，也很有特色，米食是臺灣早期農業社會主要糧食，米食也衍生出各種相關的食品，其中糕仔就是一種好吃，又能存放較久的乾糧，糕仔在物質匱乏的年代是一種營養可口又攜帶方便的點心！此外，這裡的鳳梨酥與其他地區市售方塊型的不太一樣，是屬於最古早的長扁形，沒有花俏的包裝，但卻能吃出鄉土的鳳梨口味。王老闆堅持用傳統的方法製餅，延續上一代的務實精神，在講求新潮與多變的時代裡，阿嬤的滋味反而成為「料

好實在」的品質象徵。

　　「老闆，粿印可否讓我看一下！」老闆拿出了幾具古色古香的「粿印」模具，其中有一具已超過百年歷史，木頭仍散發著光澤。「粿印」也有人稱之為「粿板印」粿是「閩南用語」、板為「客家用語」。粿印上的內容非常豐富，有龜的圖像，中間有一個壽字，側邊有串錢的圖樣和魚紋，代表吉祥如意、財富廣進。粿印亦包括糕印、糖印；粿印反映出臺灣的飲食文化不但重視美味可口，更融入藝術與祈福的深遠意義。從雕刻紋樣區分，粿板印內刻有：壽龜、壽桃、串錢、元寶、魚……等為主，糕餅及糖果印內刻祈福圖案花樣甚多，常見有龜、魚、蝦、蟹、龍鳳、花果……等。從這些紋路與圖樣可以看出上一代人豐富的藝術之美。

　　「這種糕仔，真讚！」熱心的老闆切了一塊糕仔給我，果然非常好吃，結實的咬勁有一種童年的滋味。糕仔雖然沒有特殊的造型，但紮紮實實的內容，讓人有物超所值的感覺。近年來，雖然西式糕點流行，但值得慶幸的是，仍然有人堅持生產傳統糕餅，讓城市角落依舊飄送著令人難以忘懷的古早味。

　　懷舊的糕餅，融合著先人的智慧和文化，品嚐這些美食，讓人有一份濃濃的幸福感，衷心希望這種滋味能代代相傳……

原載臺灣時報臺灣文學 2012.10.15

土芭樂的滋味

路過鄉間，看到一個攤販在賣土芭樂。我停車買了一包，老闆一再強調芭樂是在野外摘的沒有農藥，咬了一口果然有童年的滋味……

土芭樂在四、五十年代是大家最喜歡的水果之一，土芭樂有兩種，一種是紅心的味道較甜美，另一種心是淡黃色的較硬。小時候一方面不懂，一方面怕被別人摘走，看到土芭樂大多會先下手為強。未成熟的小芭樂，味道很澀，那時為了吃未成熟的芭樂，還要沾點鹽巴，才能勉強吃得下。「果實要等成熟才好吃！」真的，吃一口生澀的土芭樂，你自然會深刻地體會出這個通俗的道理。再者，土芭樂吃多了不好消化，所以老一輩的人喜歡用臺語開玩笑說：「吃芭樂放槍子（子彈）」，即在警惕芭樂籽很硬，吃多了會消化不良。為何土芭樂籽會如此多？也許這就是它的生存策略吧！聰明的芭樂希望人們只吃果肉，然後將芭樂籽棄置於田野，如此可增加它繁衍新生命的機會，好聰明的植物！

有一回，我和二姐摘了好多土芭樂，如果把這些吃完，鐵定會便秘，正發愁怎麼辦的時候，母親將土芭樂洗一洗，放一些鹽巴、糖和甘草粉，醃了一大罐，味道非常甘美，越吃越好吃。醃製芭樂的事例依稀在告訴我們：「做任何事都

要懂得靈活應變，多用腦筋，凡事都有很多種方法可以解決。」醃製芭樂多麼美好的回憶。

芭樂成熟時除了果實的顏色會變黃，而且會散發一股香味，令人垂涎。土芭樂等到成熟再摘下來，味道很甜美，連小鳥也會來啄食。小時候摘到土芭樂在衣服上擦一擦就可以吃了，不必去擔心什麼農藥殘留問題。

近年來，各種改良品種的芭樂，品質滿不錯的，要看到賣土芭樂的攤販，非常不容易，土芭樂營養價值高，有助於健康，現有人研發土芭樂茶，一種是用土芭樂切片採「純天然日曬法」曬乾，沖泡後香氣濃郁，頗獲大眾的喜愛；另一種是用芭樂葉的嫩心，經揉捻、乾燥加工後用來泡茶，據稱這種茶飲具正面養生功能。土芭樂是大自然給予人類的上品水果，不受農藥、肥料……等的污染，而且具有各種健康養生的維生素，多麼值得喜愛！

土芭樂是一種非常鄉土的水果，雖然沒有改良芭樂好看的賣相，但它的營養、美味和那段伴隨大家成長的美麗記憶，令人懷念！

原載臺灣時報臺灣文學 2012.09.09

土鳳梨，讚！

路過鄉間，看到一大片鳳梨園，每顆鳳梨都戴著一頂帽子，樣子很可愛。不禁停車，拍下這個可愛的畫面。

「阿伯，你這是什麼鳳梨？」

「土鳳梨啦！」聽了覺得很納悶，心想：不是改良的鳳梨較甜，價錢較好嗎？

「怎麼不種金鑽鳳梨、甘蔗鳳梨或牛奶鳳梨？」

「種鳳梨要看用途，做鳳梨酥要用土鳳梨較對味！」老伯面露笑容告訴我，他的鳳梨是要賣給食品廠做鳳梨酥的，土鳳梨不論是味道或纖維都很適合做鳳梨酥，很多知名品牌的鳳梨酥，都強調內餡是土鳳梨。土鳳梨的纖維質吃起來口感較佳！原來鳳梨和人一樣要「因才施用」，才可以發揮其長處，不能光看表象來論斷。

小時候家裡也種了不少土鳳梨，在物質匱乏

的歲月中，鳳梨不但是好水果，而且也可以醃漬成為佐餐的佳餚。當年媽媽輩的大多會醃漬鳳梨，醃鳳梨的過程非常嚴謹，先要將甕擦乾淨，將削好切片的鳳梨一層層放進甕裡，然後灑上適量的鹽巴和黃豆豉，醃漬的過程最忌諱的是沾到水或時間未到開封，因為沾到水會發霉，醃漬時間不足則不會入味。因此，每次母親醃漬鳳梨不但會將甕口緊緊的密封，而且會標示開封日期；並再三叮嚀時間未到不能開封，開封後取用鳳梨，一定要將筷子擦乾。也許是一種期待的心理，每次開封都覺得格外甘甜。一碗豬油拌飯配上醃漬鳳梨，真是人間美味。現代人醃漬食品喜歡強調遵循「古法」；其實，上一輩人醃漬的功夫非常重視「照步數」來，不偷工減料，更不會添加防腐劑、香料、色素等，所以才能留下讓人懷念的滋味。

土鳳梨是多用途的水果，除了製作鳳梨酥之外，也可以做成鳳梨果醬、罐頭，連鳳梨心做成的糖果棒也相當有特色。這種黃色的鳳梨心糖果棒，吃起來酸酸甜甜的，尤其纖維的嚼勁口感不錯，可以說是當年小朋友的最愛；還有那令人垂涎三尺的鳳梨冰，也是夏天消暑的人間極品。

土鳳梨甜不甜，光看外表無法判斷，可以用手指彈一彈，越硬的越甜，閩南話叫「肉聲」的最甜。所謂「肉聲」就是彈在鳳梨的聲音，聽起來像彈在人體的聲音，當然這些判斷的準確度都要靠經驗累積。現在的改良鳳梨甜度都滿高的，似乎不必費神去判斷它的甜度。

　　其實，鳳梨要酸酸甜甜的才好吃，有些改良的品種，太甜反而失去鳳梨的原味，有些東西保有原來的味道，風味更佳。當然土鳳梨當水果吃時，不能吃太多，吃多了嘴巴會有刮傷的感覺，依稀在提醒大家吃東西要適量、要節制，才能吃得美味，吃得健康。

　　鳳梨閩南話叫「旺來」，寓有帶來興旺好運之意，所以現在人拜拜最喜歡上桌的就是鳳梨；選舉贈送候選人吉祥物也是以「旺來」為上選。也有人將鳳梨美化成裝飾品，掛上一些紅色的緞帶與金元寶，散發喜氣洋洋、財運滾滾的氣氛，別具創意！

　　比起進口的水果，鳳梨物美價廉，我喜歡鳳梨，尤其酸酸甜甜的「土旺來」，感覺特別有鄉土味。

原載更生日報副刊 2012.11.25

野草莓的滋味

野草莓臺語叫「刺波」，莖葉有小小的毛刺，果實酸酸甜甜的，有一點類似桑椹的滋味，感覺滿不錯的。對現代的年輕人，尤其大都會的朋友而言，要見到野草莓彷彿是天方夜譚；但對於成長於鄉下的四、五年級生，「刺波」可以說是大家共同的回憶。

隨著生態環境的改變，現在要看到「刺波」非常不容易。前些日子，回屏東老家，在田裡居然看到一株「刺波」，在叢生的雜草中吐露數顆紅色果實，如此不期而遇的邂逅，讓我有如獲至寶的感覺，不自禁摘下一顆往嘴裡送，甜美的味道勾起了逐漸褪色的記憶……

記得小時候發現野草莓，都會「吃好鬥相報」結伴去採野草莓。通常青綠的，表示未成熟，味道較生澀，暗紅色的比較甜。但並不是每一顆都可食用，同伴之間也會相互提醒，例如果子上有白色唾液或泡沫狀物，不要食用，因為可能已受到蟲蛇的汙染，吃了會有後遺症。在物質匱乏的年代裡，生活常識往往來自生活體驗，或大家口耳相傳留下的保健小補帖。

當年，在「刺波」盛產季節，一眼望去，田野上幾乎可看到結實纍纍的野草莓，我們會用芒草、蘆葦……等細長的葉梗來串連起這些小果實，短的做成手環，長的綁成項鍊的

樣子，看起來非常可愛。小男生有時也會送「刺波」手環或項鍊給小女生，但一定要偷偷摸摸進行，免得被同伴取笑「羞羞臉」，「刺波」傳情有種「兩小無猜」的天真與浪漫，挺美好的回憶；有時候要扮家家酒，也會將刺波放在葉子上當成佳餚，「刺波」真是童年時代的好朋友，如今回想起來，口中依稀有著一份酸甜的滋味。

　　比起人工栽植的草莓，野草莓相對的生命力較強。現在有人將缺乏抗壓性及畏苦怕難的年輕人形容是「草莓族」，指的應該是人工栽植的草莓，而非野草莓。因為野草莓生命力強，不擇土地是否肥沃，不必灑農藥、不必施肥，在大自然的滋潤下，可以長得非常好，而且吃起來也有一種田野的風味。人工栽植的草莓，雖然看起來色澤、大小、外觀均較佳，但卻會讓人擔心是否有農藥殘留的問題，而且不耐放，浸泡水裡極易腐爛。

　　小時候，有一回父親從田裡摘了很多野草莓回來。父親說：「野草莓是純天然的食物，沒有施肥，也沒人照料，味道卻非常甜美……」也許這就是大自然的奧妙吧！「刺波」自由自在生長在田野，無人關照，默默自我成長，卻能長出天然美味的果實，與人工栽植的草莓相較絕不遜色。人間很多事物，何嘗不是如此，順其自然，一切隨緣，反而更能彰顯其特性；過多的人工改造，反而失去原來的本性。

　　野草莓有著一份堅強、一份美麗和一份酸酸甜甜的童年記憶。

原載臺灣時報臺灣文學 2012.07.11

陽光曬出人情味

行走巷弄，偶而會看到民眾將食物曝曬在陽光下，這種薪傳自先人處理食物的方式，常會帶來特殊景緻。「天然ㄟ尚好啦！」每遇這些狀況，我總會停下腳步，欣賞陽光下的好風情。

前些時候，去臺南北門井仔腳，在這個傳統小漁村看到一條條虱目魚乾吊掛在竹竿上，頗為吸睛。「來喔，歡迎試吃！」賣魚的攤販煎了一大盤虱目魚乾招待大家，而且還貼心地叮嚀要小心魚刺，老板的盛情吸引了不少遊客前來品嚐。的確，經過海風與太陽洗禮的虱目魚乾，風味頗佳。

將魚適度處理曬乾，不但能保鮮，而且還有一種特殊的在地風味，記得當年戍守馬祖莒光島，弟兄們退伍時，很多

人喜歡買馬祖黃魚乾回來，和親朋好友分享，「很有戰地風味喔！」從外島帶回的魚乾除了味道不錯之外，依稀也傳遞著一份濃情厚意，讓人回味無窮。

　　用日曬法製作食物隱含著先人的智慧，假日去逛坪林老街，遇到一位阿嬤在曬蘿蔔乾。阿嬤將蘿蔔切成一小塊、一小塊放在竹篩上，而且排列得相當整齊，一圈圈的蘿蔔向外鋪排，好像是刻意畫上的幾何圖形。

　　「阿嬤，你的蘿蔔看起來很漂亮！」「哪有，給自家人吃的！」阿嬤靦腆地拿了一小塊，問我要不要吃看看，我接過蘿蔔乾試吃，果然清脆爽口，非常好吃。傳統製作蘿蔔乾，必須照「步數」來，尤其特別強調自然、養生的概念，這種蘿蔔乾天然美味，絕非一般市場販賣的產品所能比擬，最重要的是保證不含防腐劑。陽光、蘿蔔乾和阿嬤的笑容增添了不少山城之美。

　　陽光是辛苦莊稼的見證者。路過新竹寶山看到有農家在水泥地上曬穀，大太陽下一對農夫、農婦用穀耙翻動稻穀，讓穀子能曬得均勻。「怎麼還有這種景緻？」這種傳統方法曬稻子不但要承受烈日之苦，而且稻子的塵埃會讓人身體發癢，這真是一件非常辛苦的工作，現在要看到這種畫面已非常不容易啊！

　　「阿伯，你怎麼還用這種方法曬稻子？」

　　「習慣啦，這種日曬稻子的米較好吃……」和老阿伯聊天，他告訴我，他種了六分多的稻子，一直用傳統方法曬穀，這種日曬法除了使米飯口感較佳之外，也可讓大家回味早年農村曬穀的風景。金黃色的稻穀在陽光的照射下，散發著阿伯對傳統的執著和分享好食物的使命感，頗耐人尋味。

陽光，見證先人的智慧，細細品嚐歷經陽光洗禮的美食，教人回味無窮；陽光，彩繪美麗的風景，用心品味融合在陽光裡的故事，讓人內心洋溢著滿滿的幸福與喜樂！

原載青年日報副刊 2014.09.06

在巷弄間邂逅幸福

　　鄉間的小巷弄，往往蘊藏著寶島豐美的人文風采。一間小麵館匯聚著往日歲月的步履，延伸著先人美麗的故事，讓人深刻體會單純美好的幸福……

　　走訪鄉間，我喜歡在巷弄找尋美食或具有在地特色的商店，偶爾會邂逅一些較特殊的店家，帶來意想不到的驚喜。

　　有一回，在屏東客家小鎮看到一間麵館，屋外掛著幾盞紅色大燈籠，上面寫著「老實麵」，門口和屋簷是由竹子和木頭所搭建而成，藍色大門彩繪幾株蓮花，散發著樸實幽雅的氛圍，也許受到店名的吸引，不自覺走進店裡，想一探究竟。

「好特殊的感覺！」
走進外觀樸實的麵館，
彷彿墜入時光隧道，店
內簡單的擺設洋溢著早
期的農村風味。餐桌椅
是學生時代堅固耐用的
黑褐色木桌椅，桌子旁
還噴著「老實國小」的
白色字樣，像極了坐在
教室用餐。麵店的角落
擺放各種懷舊物品，如
拉門電視、轉盤唱機、
黑膠唱片、老時鐘、木

製菜櫥、舊式熱水瓶……等四、五十年代的物品，成了麵店
最美麗的裝飾，還有掛在牆上的老舊黑白相片、電影海
報……等，流露著歲月的滄桑；尤其一張三十八年的結婚證
書格外顯眼，超過一甲子的證書，用玻璃鏡框保管得非常好，
粉紅色的紙上寫著「兩姓聯姻，一堂締約，良緣永結，匹配
同稱。看此日桃花灼灼，宜室宜家，卜他年瓜瓞綿綿，爾昌
爾熾，謹以白頭之約書向鴻箋，好將紅葉之盟載明鴛譜。」
左下角簽署著結婚、證婚、介紹、主婚人的名字，工整的毛
筆字和細心的用印，可以感受到那份對結婚的重視與喜悅。

　　很有趣的是連「小叮嚀」都讓人莞爾，電視的右下方寫

著：本機老舊，請勿動手，萬一損壞，唱一首歌，再到外面罰站半小時。唱機的下方寫著：請勿觸碰音響器材，否則留下來掃廁所。彈珠臺旁寫著：珠台老舊，請勿動手，萬一損壞，罰錢加上現場唱「妹妹背著洋娃娃」。小說書櫃下方寫著：「獨樂樂不如眾樂樂，老實無價，請勿偷走」，幽默的用語增添了不少趣味性。牆上有一張黑白照片，上面寫著：「老實的年代，幸福可以很簡單」，文句引人共鳴。

　　在農業時代，的確有一種單純的幸福感，那時買東西不必擔心黑心商品的問題，而且到村子裡的柑仔店消費也可賒帳，彼此信任是樸實社會的人情味。

　　麵店除了販賣餐食之外，彷彿也傳送著早期社會的淳樸與親切感。它沒有豪華的布置，也沒有山珍海味；但傳統阿嬤的滋味，卻有著一種讓人垂涎的特殊口感。滷味、豬油拌飯、牛肉麵、餛飩……用最傳統的料理，回味農業時代麵攤的味道。吃一碗老實麵，除了阿嬤的美味之外，更可尋訪往日歲月留下的足跡。這裡亦販賣豬耳朵餅乾、麻花捲……等，讓香脆的小零食勾起大家在物質匱乏年代，分享零食的有趣回憶。

　　「為何取名老實麵？」老闆認為生活中老實最好，老實才能贏得別人的信任。老闆夫婦是虔誠的教徒，有一回老闆娘吃到友人招待的傳統麵食，感受到懷舊風味的溫馨，於是興起開一家麵店的念頭；希望除了食物之外，並透過情境布置，呈現農業社會的風貌，讓顧客在享受美食之餘，亦能體

會早期民間務實的生活景況，於是命名老實麵，希望能帶來一些省思。的確，在爾虞我詐的功利社會，「老實」的修為更顯得彌足珍貴。

　　鄉間的小巷弄，往往蘊藏著寶島豐美的人文風采。一間小麵館匯聚著往日歲月的步履，延伸著先人美麗的故事，讓人深刻體會單純美好的幸福……

原載青年日報副刊 2014.01.17

輯二　刻劃歲月流光

心靈潛藏一條清澈水流，洗滌日益模糊的記憶……

溫馨井邊情

　　漫步鹿港老街，在一座古色古香的老屋前，遇到老師帶一群小朋友在進行戶外教學……

　　「來，大家看看這戶人家的堂號。」老師走到老屋的大門前望著「三槐挺秀」堂號。

　　「何以叫『三槐挺秀』？據說是因為王姓人家的祖先，在自家庭院種了三株槐樹，希望他的子孫有朝一日能坐到槐木椅，這種椅子依當代體制是宰相的座椅，也就是希望他的後代子孫能當大官。他的兒子非常努力和爭氣，果然做到宰相，一時傳為佳話，於是立了這個『三槐挺秀』的堂號，光耀門楣，並藉以勉勵後代子子孫孫……」簡明扼要的解釋，

小朋友頻頻點頭，也有人在做筆記。但老師話鋒一轉說：「可是今天最主要不是介紹這個堂號，而是要介紹『三槐挺秀』屋前的這口井。」

老師用手指著由紅磚砌成的半圓形古井。

「為何井口只有半邊？」

「因為另一半在牆的另外一邊！」好聰明的小朋友，立即搶答。

「很好，這就是半邊井。大家都知道井水是早期飲用水的主要來源，但是開一口井並不容易，要花費不少錢，所以除了少數有錢人家自己鑿井之外，大部分的人都是幾戶人家合資開鑿一口井共用。大家看看，王家這口井的特色，是一半在牆內，一半在牆外，牆內的供自家人使用，牆外的供左鄰右舍及來往的人自由使用……」生動活潑的解說，讓學童聽得津津有味，好有意義的戶外教學。是的，這口井雖然已乾枯，但這種宅心仁厚、樂於助人的風範將永遠流傳，走過這裡的路人，都會拍下這個美麗畫面。

「有水大家喝、大家用！」多麼富有人情味！記得小時候外公家也有一口自己的井，因為井水的水質非常清澈、甘甜，村子裡的左鄰右舍爭相前來取水。當年，井邊彷彿是大家

每天都要報到的地方,那段大夥兒共用一口井,熱絡互動、彼此關懷的時光,讓人覺得左鄰右舍就像一家人,非常有人情味。

　　水和人類的生活息息相關,很多古井旁寫著溫馨而充滿智慧的故事,「積善人家慶有餘」,相信能敦親睦鄰、慷慨為善者,必能獲得喜樂與福報……

原載青年日報副刊 2012.08.29

懷舊洗衣石

　　漫步鄉間巷道，在古井旁不經意地發現一塊洗衣石靜靜地放置在角落，依稀流露著歲月的滄桑；拙樸的洗衣石是農業時代的共同記憶。

　　小時候，村子有一條溪水，溪畔擺放很多洗衣石，早上婆婆媽媽們會來這裡洗衣服。洗衣石沒有一定的樣式，通常以面寬、平滑、有一點斜度較佳。只要用心找，要在溪裡找這種石頭並不難，而且保證堅固耐用，越用越順手；找到之後，放在自己喜歡的位置，只要你在石頭上洗過一次，那塊石頭好像就是你的專屬洗衣石，不必註記，沒有人會和你爭，至於選定的位置，思考的要件通常是緊鄰好友的旁邊，便於聊天。當然有些人喜歡選在上游，認為上游水乾淨，其實水是流動的，上下游都差不多。再者，鄉下人做事都很有分寸，如果有人洗尿布或較髒的衣物大多會自動到下游洗，以免影響他人。

　　婦人來溪畔洗衣服，有些人還揹著小朋友，挺辛苦的。所幸，在溪邊洗衣服也有不少樂趣，可以邊洗衣服邊聊天。「阿好姨今天怎麼沒有來？」看到洗衣石空在那裡，大家也會關心某位大姐為何沒有來。誰家要辦喜事？誰家媳婦生小孩？誰家的小孩考上大學？什麼菜要如何煮？聊天的主題五

花八門。溪邊洗衣服彷彿成了消息交流的平臺。遇到喜事大家相互祝福，遇到挫折大家相互安慰與鼓勵，那份情感真摯又溫馨！

那時，我們小朋友偶而也會幫大人拿衣服到溪邊，然後就順便在溪裡戲水，當年溪流大多很清澈，常常可以看到魚兒游來游去，為何溪裡的魚不怕肥皂水？原來那時用的肥皂，大多是天然的，如無患子或是蘇打液混合米糠做成的肥皂，所以對溪流不會造成污染，小溪彷彿是魚兒的天堂。

小溪、洗衣石、洗衣婦建構了鄉村特有的景緻，搭配陣陣的擣衣聲，讓人印象深刻。早年純手工洗衣服真是辛苦，先浸泡、抹肥皂、用短木棒敲打、在洗衣石上搓揉，一連串的動作，讓衣物洗得乾乾淨淨。

洗衣石會隨著洗衣的次數越用越光滑，接觸面的部份有時也會隨著洗衣服經年累月的著力習慣，形成特殊的曲線，宛如刻意磨成的雅石；雖然在溪邊用洗衣石洗衣的景象已難得一見，但洗衣石見證著農業社會的成長與蛻變，每一顆洗衣石裡好像都藏著傳統婦女勤儉刻苦的精神和耐人尋味的故事。

原載臺灣時報臺灣文學 2013.04.04

桿　秤

　　路過黃昏市場，偶遇一位賣芭樂的老伯，正用傳統桿秤幫客人秤量。不論買芭樂的婆婆媽媽們是否看得懂桿秤上的刻度，然而好像也沒有人懷疑老闆的斤兩；或許是老闆臉上刻畫的歲月痕跡以及純樸的笑容獲得顧客的信任吧！等客人散去時，我向老闆借來桿秤試用一下，看著桿面斑駁的刻度，腦海中不禁浮現諸多往日的記憶……

　　傳統的桿秤包括秤桿和秤錘，是一種依據槓桿原理製成的秤重工具，秤桿的結構前方有鐵鉤便於吊掛物品，秤桿上

方有兩個秤紐，大支桿秤因為秤的東西較重，木棍需穿過秤紐，由兩人扛起；小支桿秤則因秤的物品較輕，通常由一個人負責提拿秤紐。桿面上有顯示斤兩的點紋，俗稱秤花，這些刻紋隨著使用的頻繁會日益模糊。秤錘是金屬做的立體鐵塊，上面有一條吊掛的繩索。掌秤者的工作就是要讓物品與秤錘達成水平狀態，以呈現重量。通常大支的桿秤閩南語稱「量仔」，小支桿秤稱「秤仔」。

桿秤對我而言並不陌生，那是因為小時候家裡有大、小桿秤各兩支，大秤用來買賣木材，小秤用來賣鳳梨。秤木材是一項很辛苦的工作，由兩人扛起，一人掌秤，若只有兩人時，其中一人不但要負責扛，而且還要擔任掌秤的工作。

那時，我們住在山莊，做木材買賣生意。母親負責買木材，父親負責賣木材。原住民朋友拿木材來賣時，母親經常要身兼兩份工作，邊扛邊掌秤，邊看斤兩，這真是一份很辛苦的工作。我常看到母親因過度吃力而雙腳搖晃，連掌秤的手都微微發抖。父親除了賣木材之外，還經常要賣鳳梨，賣木材時用大秤，賣鳳梨時用小秤。也許是常常使用的關係，爸媽掌秤、移動秤錘的位置均相當熟練而快速，幾乎都能一次到位，而且馬上知道重量，這應該是所謂「熟能生巧」的功夫。

當年，我發現父親和母親掌秤的方式不太一樣，父親的秤錘都會盡量向前移，母親則盡量向後移，父親掌秤因為自己是賣方，秤錘向前移有利於買方；母親掌秤則因為自己是

買方，將秤向後移，有利於賣方。也許這就是上一代人做生意的原則吧！更重要的是，父親與母親似乎是用身教在告訴我們，人與人相處不要太過於計較，「有時吃一點虧沒關係！」

秤是衡量重量的依據，自古以來即為生意往來重要的工具。大至秤稻穀、豬隻，小至秤蔬菜、中藥，都會用到各式各樣的秤。現在桿秤已幾乎絕跡，但新竹有人搜集各式各樣大大小小的桿秤近百支，珍藏成古董；也許是為了讓後代能看到桿秤的原貌，和傳承融合在桿秤中那份做生意的智慧，多麼有意義的收藏。

現代的生意人大多使用電子磅秤，相較於桿秤速度與準確度均較高，但兩相比較，桿秤依稀多了一份人際巧妙的互動。「讓一點！」「吃虧一點！」「多給對方一點！」桿秤何時讓它翹高？何時下垂？處處皆學問。其實在人生中，何嘗不是如此，過於精明，錙銖必較，凡事不吃虧，未必對自己有利；相對的，敞開心胸，不斤斤計較，甚至退讓一些，反而能廣結善緣，帶來商機。

桿秤帶來往日美好的記憶，也帶來為人處事的人生智慧！

原載臺灣時報臺灣文學 2012.04.22

蓑　衣

　　在一間古厝裡，看見一件蓑衣高掛在牆上。蓑衣閩南語叫「棕蓑」，在早期農業社會是家家戶戶都有的雨具，穿起來的感覺，絕對與現在的雨衣大不相同，當然就顏色、多樣性與輕便性而言，現在的雨衣顯然佔有優勢，然而棕蓑寫著農村美麗記憶，讓人難以忘懷……

　　棕蓑是由棕樹的纖維編製而成，可以說是最天然的雨衣，分為上下兩截，上衣的肩部特別寬，便於活動，下截部分如草裙只圍到膝蓋，小腿以下則擋不到雨水，穿棕蓑最大缺點除了比較重之外，就是脖子的衣領部份會有一點被毛髮輕輕扎到的感覺。小時候住在外公家，那裡有好幾件蓑衣，有大有小。有一回下雨，外公要我陪他去田裡，他拿

了一件蓑衣要我穿上，我猶豫好久，外公說：「農家子弟要穿一下棕蓑才知道種田人的甘苦！」那次的經驗讓我印象非常深刻，穿起棕蓑有一點像鐵甲武士；與現在的雨衣相比，當年的蓑衣顯得非常「克難」而笨重；但這卻是當年最流行的雨衣，也許是習慣成自然，下雨天穿蓑衣戴斗笠，儼然成為雨天農人在田野的制服，遠遠望去，形成特殊景觀，挺有趣！

據相關文獻記載，蓑衣的歷史達千年以上，早期臺灣編製蓑衣是在斗南的「石龜溪」，此種編製工作在當年農業社會也算是一項專門手藝。蓑衣非常堅固耐用，要穿壞一件蓑衣，非常不容易。現在有很多古厝及民俗村，都會掛幾件蓑衣增添懷舊的氣息。蓑衣見證著農業社會的蛻變與艱辛歷程，看到蓑衣依稀看到上一代人認命、打拼的堅韌精神。少了蓑衣，記憶中的農村好像就少了一份鄉土味道。

現代的社會已沒有人會再去穿蓑衣，但蓑衣隱含著早期農業社會勤勞儉樸、吃苦耐勞和堅毅不拔的精神，看到它，心中仍會盪漾著無限感懷……

原載臺灣時報臺灣文學 2012.04.15

葵笠仔

　　在菜市場的角落，有一位賣菜的老阿嬤每天頭上都戴著斗笠，看起來滿悠哉的。斗笠閩南話稱為「葵笠仔」、「笠仔」，它曾是農業社會遮陽、遮雨的最佳隨身物品，當然也可以隨手拿來搧風……

　　四、五十年代臺灣有很多製作斗笠的地方，如高雄彌陀鄉潔底村、高雄內門鄉、南投竹山鎮、臺中東勢鎮石圍墻、新竹芎林鄉、桃園蘆竹鄉坑子村……等，群聚的手工業，形成特有風情。編製斗笠必須有精巧的手藝，先要將竹子剖成竹片(竹篾)，並削磨平滑且曬乾後，在木製的笠模上面編製斗笠骨架（笠胎）；然後再鋪上竹筍殼（桂竹幼筍長大成竹脫落時之葉片）並用尼龍線縫牢，在斗笠上方收口處，縫上固定圈即告完成。看似簡單，實際上要做得好，非常不容易，各種細節都不能忽略。例如竹子剖的厚度寬度都要均勻而適當，如果竹篾厚度太薄骨架容易斷裂，太厚則戴起來會不舒服。純手工、純天然的斗笠，每一頂依稀都是一件藝術品。

　　戴斗笠非常有農村的風味，記得小時候班上表演「採茶舞」，男男女女每人頭上戴一頂斗笠，尤其是女生除了斗笠之外又包上頭巾，看起來挺可愛的！

　　前些時候去吳哥窟旅遊，因為天氣炎熱，旅行社發給每

個人一頂棕葉編成的帽子，很有地方的特色，大部分團員都將它帶回來做紀念。持平而論，不論是手工技巧或整體外觀，臺灣斗笠均遠遠超過棕葉帽。心想：如果我們能好好傳承製作斗笠的技藝，發展成臺灣特有的產品，結合觀光產業，導入休閒思維，必能為斗笠注入新的生命！

　　現在有人將斗笠當作收藏或裝飾品，行走各地發現有特色的斗笠就購買收藏；也許過了數十年後，這些斗笠都會成為寶貴的珍藏品。苗栗南庄鄉南埔國小師生曾集體戴斗笠歡度校慶，希望能傳承上一代人刻苦、耐勞精神，每個人還在斗笠上彩繪桐花圖案，增添不少美麗風情。

　　斗笠是一種非常合乎人體工學的帽子，簡單輕便、通風良好，散發獨特的風味；不論各種五花八門的帽子如何時尚，均無法取代斗笠那份流露出自然、純樸的感覺。

　　斗笠寫著四、五十年代大家共同的回憶，尤其是「日出而作，日落而息」的農家，斗笠是他們擋太陽、遮風雨的好友。漫畫家劉興欽曾寫了一首打油詩：「輕便實用小斗笠，臺灣人的大福氣。遮雨防曬兼環保，後代子孫莫拋棄。」讀來朗朗上口，對曾戴過斗笠的朋友來說，真是別有一番滋味在心頭！

原載臺灣時報臺灣文學 2012.09.05

老鐵馬憶趣

在鄉土文化館看到一輛老鐵馬，斑駁的外觀，彷彿訴說著歲月的滄桑和美麗故事⋯⋯

四、五十年代腳踏車是重要的交通和謀生工具。那時的腳踏車還要繳牌照稅，可見其普及性與重要性。鐵皮製的牌子印有凸字號碼，必須圈掛在車身的顯眼處，為了便於識別，前後期的車牌顏色都不一樣，通常一眼就可看出是否有逃漏稅之嫌。那時，因為腳踏車使用率高，而且繳納的稅金不多，絕大部分的人都會繳納並依規定掛上。「腳踏車要繳牌照稅」，滿遙遠的記憶。

小時候，老爸有一輛腳踏車，這輛車雖然老舊，但裝備卻非常齊全，前面有一盞車燈，當年因為路燈很少，腳踏車經常會在晚上騎，所以大部分的腳踏車都有車燈，它的電力來源有兩種，一種是外加小電瓶，一是透過輪子轉動小型電石器產生電能，如果是採用後者，踩得越快，燈會越亮，反之則越暗。右邊的手把內側有一個示警鈴鐺，「叮鈴、叮鈴」聲音清脆而有趣。有些小朋友看到停放在一旁的腳踏車也會手癢，去動一下鈴鐺，過過乾癮；另外左右兩邊都有煞車手把，往內握取就會煞住車子。

傳統的腳踏車，前面有一支鐵桿，可讓人側坐，當然體

型不能太龐大，否則會擋住視線，後面有一個長方形的小座椅，側坐跨坐皆可。當年男生最喜歡用腳踏車載女友，尤其用前座載，感覺滿浪漫的。當年的愛情電影，通常會加入一段男主角用腳踏車載女主角的情節，在夕陽下或在涼風中，女主角長髮飄逸，男主角悠哉地騎腳踏車，甜甜蜜蜜，共享美好時光，留下美麗畫面。如果腳踏車是專門用來載東西的，後面會有一具用鐵條做成的置物架，非常堅固耐用，賣枝仔冰、燒肉粽、烤香腸……都屬於這一類。當然也有多用途的腳踏車，可載人和載物。

「老爸回來了！」父親的腳踏車，也許車齡太老了，所以經常會發出各種聲音，那時我們住在山莊，有一段石頭路，遠遠地，就可聽到父親的腳踏車發出「喀啦、喀啦」的聲音。車齡雖老，但父親非常寶貝他的車子，經常擦拭、上油保養。小時候，有一回感冒發燒，父親用這輛老爺車載我去看醫生，坐在前桿，第一次覺得父親這輛車的速度其實滿快的，尤其老爸不但要騎車，而且還要一手扶著我。腳踏車發出喀啦、喀啦的聲音依稀訴說父親那種無怨無悔的打拼精神。

老鐵馬，這個記憶中的好朋友，牽引著不少有趣的回憶，讓人倍感親切……

原載臺灣時報臺灣文學 2012.05.02

三輪車憶趣

在湖口休息站看到一輛三輪車和大媹婆公仔，非常吸睛。一對父母帶著小朋友在車前留影，歡歡喜喜的模樣，頗為溫馨。

記得小時候，在城裡經常可看到三輪車穿梭，尤其廟口和車站常有三輪車集結攬客。有一回，和爸媽到屏東姨婆家，那時由於公車、計程車都很少，搭三輪車是最便捷的方式。坐在三輪車上，視野非常好，迎著涼風，看看兩旁街景，十分舒適，車伕是一位微胖的中年人，那天天氣炎熱，阿伯賣力踩踏，頻頻用脖子上的毛巾拭汗，感覺滿辛苦的。最早期的三輪車是人力踩踏，後來慢慢演進到馬達傳動，速度雖然較快，但「砰、砰」的馬達聲，似乎也減少了幾

許悠然氣氛。

　　隨著時代變遷，三輪車成了風景區最美好的交通工具。有一回，和內人到高雄旗津旅遊，在渡口搭三輪車，沿老街、海岸公園、彩虹教堂、貝殼博物館到風車公園，車伕先生對景點非常熟悉，「老街哪裡有美食？」「景點有哪些特色？」娓娓道來，如數家珍，比起專業導遊，毫不遜色。

　　三輪車彷彿是世界各國通用的交通工具。有一回隨團至馬來西亞旅遊，行程特別安排大夥兒搭乘三輪車遊古蹟。至紅城區的三輪車招呼站，數十輛漂亮的三輪車停在廣場形成特殊景觀，每一輛三輪車都用五彩繽紛的花朵布置得美侖美奐，猶如在辦喜事一般，教人目不暇給。和內人搭上三輪車，漫遊古城，邊賞景，邊聽車上播送的音樂，心胸舒暢無比。

　　「好有特色的婚禮！」為了讓結婚的場景留下美麗的記憶，近年來結婚迎娶的方式，非常多樣，有一回至鹿港小鎮逛街，巧遇一對新人用三輪車迎娶，懷舊的裝扮與古禮，充滿喜氣洋洋的氣氛，輕鬆活潑而不失莊嚴隆重，吸引不少目光，還有媒體來採訪呢！

　　的確，功能決定存在的價值。時代不斷進步，雖然三輪車的速度、設備比不上汽車豪華，但搭乘三輪車隱然可享受特有的簡樸、優雅與浪漫風情；至今，它在景點仍是頗受遊客喜愛的老朋友。

原載馬祖鄉土文學 2018.01.01

戀戀老火車

　　為了回味搭乘老火車的滋味，特別利用假日，全家人從集集搭乘小火車至車埕，沿路欣賞田野風光，火車的「嘟、嘟」聲牽動著許多美好記憶……

　　小時候第一次看到火車，是臺糖載甘蔗的小火車，聽到「嘟—清嗆—清嗆」就知道火車來了，小朋友大多會跑出去看火車，黑黑的火車頭冒著白煙，一列一列車箱滿載著甘蔗，有時我們也會追著火車跑，比誰跑得快，火車總把大家遠遠地拋在後面。

　　讀小學時，第一次搭火車是全家人要去宜蘭，參加大姊護理學校畢業典禮，那時從屏東搭夜快車到臺北，大約要八個多小時，雖然說是夜快車，但幾乎是站站都停，原本想在車上睡覺，卻無法入眠，也許是太興奮吧！到臺北剛好天亮，大家匆匆下車，然後換車再從臺北至宜蘭，那是最省錢、省時的方法。這條路線風景非常漂亮，但要過很多隧道和橋樑，過隧道時大家都會把窗戶放下來，避免煙味飄進來；那時窗戶採上下開啟式，第一段先放置中間，第二段放置下方，第三段則會關上。進山洞前，火車通常會嘟一聲，很多人聽到嘟的聲音，就趕快放下窗。感覺過隧道的時間總是特別漫長，要讓火車穿過山脈，實在不容易，短者數十公尺，長則

數千公尺，開挖隧道，安置鐵軌，而且遇到河谷要架設橋樑，在美麗的風景中，依稀可以看見無名英雄披荊斬棘的艱辛！

那時搭火車，最有趣的是火車一到站，通常會有很多小販來叫賣，如果碰上用餐時間更是熱鬧，「便當！便當」，「蘇西！蘇西」（壽司）聲音非常有節奏感，如果買的是對號座，還會有服務人員來幫你泡茶，泡茶的動作非常熟練。吃個臺鐵的懷舊便當，再喝一杯茶，是很不錯的享受。最早期的便當是木片盒，後來採圓形的鋁盒，之後改用不鏽鋼飯盒，也許因成本較高，只有對號以上列車才供應，後來不知何種原因，又改回木片、鋁箔紙……等包裝；但不管便當盒的材質如何演變，其主打的都是排骨便當，一塊香噴噴的排骨，搭配滷蛋、豆乾、雪裡紅和醃漬的黃蘿蔔，吃起來滿香的。在車上打個盹、看看書或欣賞窗外的風景都是不錯的選擇。

搭火車我喜歡坐在車窗旁邊，看看窗外的風景。近的景物後退得快，遠處的移動較慢，火車向前飛馳，空曠的原野上淡淡地浮起一座山，漸漸地山脈彷彿也在飛揚，讓人覺得心曠神怡。列車奔馳，經過有些地方，偶爾也會有一股下車的衝動，想去探望一下老友，或去品嚐地方小吃。有一回車經臺中，臨時起意下車，找中部地區的幾位好友小聚，大夥兒聊得非常開心，還在火車站前拍了合照，至今回想仍然印象深刻，人生有時隨機、隨緣，比刻意的安排更令人懷念。

讀軍校時，每逢寒暑假或過節回家，都是搭火車返鄉，

車過高屏大橋,「空隆—空隆」的聲音讓人雀躍。對羈旅異鄉的遊子而言,記憶中的鐵軌彷彿永遠連結著家鄉,想家時總會想起長長的列車。「有空就要回來!」「搭夜車要穿暖和一點!」電話中聽到爸媽親切的叮嚀,有時真想連夜搭車回去,給他們一個驚喜。

到站了,有人上車、有人下車。月台上,有人來接,有人來送,也有自己一個人獨來獨往的,也許這就是人生吧!匆匆的來、匆匆的去,一個旅程接著一個旅程,重要的是,我們能把握每一段旅程時光,留下美好的記憶。

原載青年日報副刊 2012.05.26

耕牛情

　　路過鄉間，看著成群的牛隻悠然地在一片綠野中吃草，周邊還有幾隻白鷺鷥相隨，不禁停下腳步捕捉此一美麗的畫面……

　　在農業社會裡，牛對人類的貢獻非常大，那時在鄉下幾乎家家戶戶都會養幾頭牛。小時候我住在外公家，外公家有兩頭牛，一頭是水牛，一頭是黃牛。水牛較溫馴，走起路來較為緩慢，一步一步，非常穩健踏實；黃牛個性較急躁，走起路來昂首闊步很有精神，通常牛的身上都會掛一些鈴鐺，「牛未到，響聲先到」，叮叮噹噹迴盪在鄉間，成為特有的風情。

　　養牛，首先要了解牠的個性和習慣，其次是要建立情感。有好幾次我看到外公拿甘蔗葉餵食兩頭牛，除了拍拍牠們的脖子，天氣熱時，還會幫

牠們澆水消暑，牛每次看到外公，眼神好像都特別友善，外

公還叮嚀我和二哥每天一定要把牛欄清理乾淨,讓牛好好休息才有體力。其實動物和人一樣,都有感情,小時候,我們幾乎沒有看過外公在牛身上用鞭子,他只要輕輕的拉一拉繩子,牛就知道意思。外公經常告訴我們,做事要講求方法,不要用蠻力,他常引用閩南話俚語說:「軟索牽牛」,教我們做人處事要懂得以柔克剛。如今想想,養牛、顧牛、用牛其實也有滿大的學問。

放牛是四、五十年代有趣的回憶,那年代小朋友假日最重要的工作,就是牽牛到田野放牧,通常大家會把水牛帶到有水的地方,當然深度要剛好,不能太深,牛吃飽了,牠會自動去泡水,感覺非常悠哉。那時田野上只要有積水的凹洞,都會有水牛的形狀,彷彿是水牛的專用浴缸;另外,灰色的牛背上也經常會站著烏鶖幫牠抓小蟲,牛和鳥和睦相處的畫面非常可愛;如果牽出來的是黃牛,因為牠比較好動,會四處遊走,大家都會找棵樹將牛繩繫在樹幹上,免得牠亂跑或和其他牛發生糾紛。每次我牽黃牛出去,外公都會再三交代要看好牠,並要和其他的牛隻保持距離,不要和別家的牛發生衝突。也許牛和人一樣,對於個性較衝動的要給與特別關照。

農業社會,牛真是人類的寶貝,連牛糞也是「好東西」,那時在鄉下經常可以看到農人牽著牛,一手還拿著畚箕,遇到牛排糞時趕快接住;牛糞是堆肥的好原料,所以撿拾牛糞,當年不是為了環保,而是為了堆肥,挺有趣的!

　　牛是農人最好的朋友，那份情感絕非外人可以體會，幾年前雲林有一位老農，將他相處二十餘年的老母牛送至臺南「老牛之家」安養，人牛分離依依不捨，老牛眼睛泛著淚光，老農回家後難過得痛哭，朝夕相處的情感讓人難以割捨，那畫面令人動容，對我們這些農村長大的小孩而言，真的能感同身受。

　　牛實在很可愛，但有些人把脾氣拗的人叫「牛脾氣」，其實只要掌握牛的習性，牠是很溫馴的動物。牛勤勞、沉穩、耐苦，不圖享受，不辭辛勞，不懼烈日、風雨，默默工作，有哪一種動物能如此任勞任怨？不論時代如何變遷，農民朋友對牛仍存有一份特殊的情感，雖然機械化車輛與工具取代牛的工作，但農民念念不忘牛的貢獻，故仍將耕耘機及農用車輛稱為「鐵牛仔」，希望待在身邊的仍是「牛」寶貝。

　　牛是多麼可愛的動物，牠的辛勤奮鬥史記錄臺灣農村成長的軌跡，牠們堅守崗位、默默耕耘、犧牲奉獻的精神，讓人懷念！

原載青年日報副刊 2012.04.11

打甘樂，樂無窮

廟前大埕圍了一群人，不時傳來陣陣掌聲。到底是什麼節目如此精采？走進一看，原來是在觀賞打陀螺（閩南語：打甘樂或打干樂），據說這是一個打甘樂社團，假日經常在此表演，自娛娛人，吸引不少人潮。隊員有老有少，大家玩得不亦樂乎。

臺灣在農業社會時期，「打甘樂」是非常受歡迎的活動。當年的小朋友大多有「打甘樂」的經驗。甘樂大約可區分為三種，柴甘樂、鐵甘樂和塑膠甘樂，其中以柴甘樂最受歡迎，趣味性最高。很多小朋友的甘樂是自製的，所以除了好玩之外也多了一份情感，隨身攜帶，偶而拿出來秀一下，頗有成就感。有些人會在甘樂上彩繪各種顏色，讓它更「炫」一些。

打甘樂以樂趣為主，因此各式各樣的打法都有，比賽規則也可自創，只要參與者認同皆可。比賽的方法非常多，如持久賽、定點賽等。持久賽就是比誰的甘樂轉得久，這是最普遍與簡單的玩法；定點賽是甘樂必須落在定點上，難度較高。

「好厲害！」陀螺隊的隊員甩動繩索，目標是放置在五公尺外的小圓盤，「叩」一聲，甘樂不偏不倚落在盤子上，奇

妙的是甘樂仍不停轉動，連擲好幾次幾乎零失誤，神乎其技的表現，讓圍觀民眾大開眼界。

「阿公，你也打給我看嘛！」一位老阿公拗不過小女孩的請求，硬著頭皮上場，架式十足的繞完繩索，往地下一擲，甘樂卻好像滑壘一樣趴倒在地上。「阿公好厲害，打的跟別人都不一樣！」引起陣陣笑聲。

打甘樂有什麼要領？「最重要的是興趣、專注和勤練。」陀螺隊的隊長告訴大家把握這三項要領，就可打出漂亮的甘樂，不要怕失手，多練幾次就可抓到要領。他一面說，一面繞甘樂上的麻繩，然後拋擲，甘樂飛向空中，隨即又如迴力標般地返回到他手背的小圓盤上繼續轉動，動作之精熟讓人嘆為觀止。

甘樂不但可以運動休閒而且可以訓練專注力與耐心。臺灣有不少熱衷的推動者，甚至也有當成文化交流管道者，如被譽為「甘樂博士」的彰化縣民靖國小蔡榮捷校長，過去十幾年來經常帶著各種造型的甘樂訪問世界各國，純熟的技術享譽國際，發揮了敦睦邦誼的功能。今年，蔡校長特別送甘樂給畢業生當禮物，期勉大家：「人生就要像陀螺一樣不停轉動，遇到挫折停頓了，要再次捲好繩子重新甩出……」多麼富有啟發性的禮物，他並帶著學生一起打甘樂，大夥兒玩得非常開心。桃園大溪文藝季曾以「千人打陀螺」展開序幕，大大小小的各種甘樂在地面旋舞形成特殊景觀，讓人印象深刻。

打甘樂經常也會有不錯的回饋。「打甘樂，不但可帶給別人歡樂，而且以甘樂會友，滿有趣的；尤其打甘樂時經常會遇到同好者，大夥兒一起大談打甘樂的經驗與趣事，越談越熱絡，大家變成好朋友……」一位年輕隊友和大家分享打甘樂的心得，臉上流露喜悅與自豪，不難感受到他對這項活動的熱衷。興趣與嗜好往往如人生旅途中的甘泉，在繁忙的生活中，帶來心靈的悅樂！

　　甘樂要轉動才能展現它的魅力。紮紮實實將繩索圈在甘樂上，順勢拋出，轉動的甘樂會帶來美麗的軌跡。人生何嘗不是如此，敞開心胸，舞動生命的熱情與活力，才能留下精彩的履痕……

原載更生日報副刊 2014.03.07

踢毽子樂趣多

　　在住家附近國小看到很多小朋友在踢毽子,「一、二、三……」邊踢邊數,活力十足,每一位小朋友都踢得不亦樂乎。

　　踢毽子是一項非常好的運動。記得小時候,很多人上學都會隨身帶毽子,下課時自個兒玩,或找朋友較勁,都是很不錯的選擇。如何玩才夠癮?有人會自創玩法,例如玩踢毽子接力賽,分組每人踢數次後,用腳拋擲給下一位,傳遞失誤者就算輸;或把毽子當羽毛球,拿書本或硬紙板當球拍揮打,不論單打或雙打,都充滿樂趣。

　　毽子大略可區分為雞毛毽、布毽、紙毽、線絨毽……等。早期,雞毛毽是最正統、最普遍的毽子,不但看起來美觀、大方,踢起來也格外有味道,相較之下,其餘材質的毽子,只能算次級品。製作雞毛毽子,最基本的要有鴨毛管、公雞毛、小塊布、硬幣等物品。這些材料,在農業社會獲得較容易,所以大部分的人都會自己做。當然有時也需要變通,例如找不到鴨毛管就用小吸管代替,找不到公雞毛就用其他家禽的毛,沒有硬幣就用瓶蓋或類似大小的圓形石子、鑼絲墊片代替,在物質匱乏的歲月每個人都有一套變通的方法;肯定的是,只要是自己動手做都是最好的。經驗顯示,踢自己

做的毽子，總覺得比踢別人的毽子還順「腳」。

製作毽子也有不少趣事，記得小時候，二姐為了拔雞毛做一個較體面的毽子，伺機偷襲家裡養的公雞，準備在牠身上拔幾根漂亮羽毛，因為下手動作不夠快，結果反被大公雞啄得哇哇叫。當然這種追著公雞拔毛的有趣現象已看不到了，現代的毽子大多是人工羽毛或塑膠成品，五彩繽紛的毽子固然精美，卻少了一份自己動手的樂趣。

踢毽子主要就是多踢、多練習，「膝若軸、腰欲綿、縱身猿、著地燕」《毽子經》簡明扼要地描述出踢毽子的技巧。一般踢毽子採取的是勾腳踢法，當然熟練之後也可表演各種花式踢法。有人認為踢毽子運動量較小，其實不然，踢毽子一般用單腳踢，用腳面、腳內側、腳尖部位踢，雖然較單純，但如果踢的時間拉長，或搭配各種花式踢法，亦可充分達到運動效果。當然基本的步伐要穩當、反應要敏捷，這樣踢起各種動作會較優美，玩起來也較順暢。

踢毽子係大眾化的運動，不論男女老少均可「參一腳」，而且其受到場地與天候的限制亦較小，踢踢毽子，活絡筋骨，訓練反應力，真是一項很不錯的運動，看看小朋友踢毽子，彷彿看到自己快樂的童年……

原載臺灣時報臺灣文學 2012.12.16

古井與幫浦

　　路過一個小村莊，看到一處封存的古井和一具幫浦，忍不住前往操作一下，原本只是好玩，沒想到幫浦竟然流出非常清涼的水。主人告訴我，古井和幫浦是他們的傳家寶，已傳承了三代，時過一甲子的歲月，幫浦的水還很清涼，他保留這些主要是留給自己和後代做為紀念。心想：多麼具有啟發性的傳家之寶。

　　在四、五十年代，到處都可以看到古井和幫浦，它們是農村生活中最親切的好友。當年，外公家有一口井，因為井水的水質不錯，村子裡的左鄰右舍爭相來取水，外婆偶爾會嘀嘀咕咕。外

公說：「有水大家用，卡趣味！」外公非常歡迎大家來取水，但有時外公會在井邊，看看有沒有人浪費水，或者在那裡嬉戲，外公非常保護這口井，他經常說：「有這麼好的井水，要感恩啦！」

「來，我來用給你看！」外公看到取水方法不對，會過來教你。他真有一套，水桶放下去再拉上來，幾乎每一桶都是滿滿的，也許這就是經驗吧！早期的古井，取水要用繩子綁一個小桶子，桶子不能太大，否則拉起來很費力。桶子放到井裡還須有經驗，把握要領讓水桶能傾斜舀水再拉上來。後來外公為了讓大家取水較省力，在水井的上方加裝鐵滾輪來拉水，滿有創意的。那時，有些小朋友較調皮，經常會跑到井邊，對著井底大叫來聽回音，後來外公又在井的上方加了活動的蓋子，一則顧慮安全，一則可避免灰塵、落葉或雜物掉入井裡。那段大家共用水源，熱絡互動、相互關懷的景況讓人覺得非常有人情味。

大概是來取水的人太多，後來外公又裝了一具手壓式抽水幫浦，幫浦的樣子很可愛，出水口有一點像大象的鼻子，用手上下擺動水就會從出水口噴出來。有些小朋友喜歡玩幫浦，用力加壓讓水噴得高高的，很好玩；但只要被外公看到鐵定被修理得滿頭包，外公會罵：「猴死囝仔，水不是免錢，浪費水，那一天沒水可用，你就知道苦。」外公苦口婆心，捨不得浪費水的急切模樣，讓人印象深刻。

隨著時代的進步，自來水慢慢取代了古井和幫浦，家家

戶戶都裝上自來水管，不再使用古井和幫浦取水。村子裡大多數的古井都乾枯封井，幫浦也淪為閒置的狀況。

　　我大學畢業後，有一回去探望外公，外公帶我到庭院，看那支童年時候的老幫浦，我想應該壓不出水來了，沒想到，我輕輕一壓，看到清涼的水嘩啦啦地流出來，十足讓人感到訝異。或許是古井和幫浦也捨不得離開一生「愛水惜水」的外公吧！外公呵呵地笑了幾聲，臉上帶著一股喜悅和落寞，喜悅應該是這支二十幾年的幫浦仍能流出清涼的水，落寞的應是往昔大家喝同一口井，一塊取水，相互問早道好的溫馨畫面已不復見。

　　以往，不論是井水或幫浦抽出的水，都很清涼，有些人甚至直接喝，很少聽說喝出問題的，不知是當時的水乾淨，還是那時的人抵抗力強。現在的水沒人敢生喝，而且還要擔心水質是否被污染。生活的安全感為何隨著時代進步反而倒退，我們有時候似乎應停下繁忙的腳步，冷靜的思考，切莫一味為了科技與經濟，讓喝「乾淨水」成為奢求。

　　古井和幫浦曾經是農村美麗的記憶，看到它們總有一股莫名的親切感，輕輕地壓一下幫浦，思緒隨著清涼的水流，依稀回到童年溫馨的歲月……

原載更生日報副刊 2012.07.27

竹掃帚記趣

　　竹掃帚隨著生活型態的改變,用量日趨減少;然而出於其用於打掃馬路、落葉……頗具實用性,因此至今仍是戶外掃地的最佳工具。每回看到竹掃把總有一份難以言喻的親切感。

　　拿竹掃把打掃,是很多人共同的回憶。學生時代打掃校園,入營服役打掃營區,乃至颱風過後清理家園,竹掃把是不可或缺的工具。值得一提的是,我們當年服役時強調「勤儉建軍」,任何物品都要節約與愛惜使用,竹掃帚也不例外,大夥兒皆知如何將耗損的舊掃把拆解重組,留下不少克難而有趣的回憶。

　　現在編製竹掃帚的人日益減少。有一回在彰化西勢社區,看到編製竹掃帚的阿公阿嬤,特別停下腳步觀看製作竹掃帚的

流程，從取材、修剪、排列、捆紮，每一個動作都要非常確實，成品才會好用、耐用。「編掃帚賺不了大錢，但把它當作做好事，心裡就會很快樂！」和一位師傅聊天，他告訴我製作掃帚也可享受一些心靈上的樂趣。值得一提的是，社區為了傳承先人智慧，成立掃帚文物櫥窗，介紹掃帚的製作過程和相關物品，透過文物介紹，也許能帶來不一樣的人生啟示。「掃帚含有掃千災，納百祥的意義，值得用心體會……」阿伯說出了對掃帚文化更深層的看法。是的，不論是有形的掃帚或無形的掃帚，都是人生不可缺少的；另外社區也請舞蹈老師編「掃帚舞」，並積極推廣，生動而有趣的舞步，頗有民俗特色。

　　竹掃帚出現在山林步道呈現美麗畫面，讓人印象深刻。我和內人經常到住家附近的仙跡岩登山，這條登山步道由於景緻優美，來登山的人不少，但步道保持得相當乾淨，很少看到有垃圾或落葉在步道上。為何如此乾淨？因為有不少山友會主動拿起放置在步道旁的竹掃把打掃，「早安！」有一回和正在打掃的阿伯打招呼聊天。他告訴我每回來爬山，就會順手拿起放在小徑旁的竹掃把掃一掃，也算是另一種運動。聽聽竹掃把來回掃動的聲音，看看山友臉上愉悅的笑容，教人倍感親切！

　　掃帚連結美景彩繪出美麗畫面，開啟無限想像空間。「好大支的掃把！」走進基隆八斗子潮境公園，遠遠地，就可看見幾支大掃把豎立海邊，不少人暱稱其為哈利波特的魔

法飛天掃帚。其實，這是法國藝術家 Patrick Demazeau 的創作，名為「掃把救星」，寓意掃除海洋環境中的各種汙染，維護海洋的潔淨空間。簡單的設置融入多元意涵，展現秀麗的風景，頗耐人尋味。不少人以大掃把為背景拍照，捕捉藍天、大海和綠地的畫面，留下美麗而愉悅的身影。

　　掃帚，平凡而樸實的工具，除了清潔環境之外，更蘊含人生的智慧，值得細細品味！

原載青年日報副刊 2017.07.04

戀戀高屏舊鐵橋

　　老舊橋樑曾有過輝煌歷史，雖因時代變遷卸下原本任務，然而刻畫著美麗而滄桑的設施，仍煥發出耐人尋味的風采。

　　高屏舊鐵橋位於高雄九曲堂和屏東六塊厝站之間，橫跨高屏溪，是座花樑結構的鐵橋，全長 1526 公尺、寬 7.6 公尺，由 24 節鋼桁架所組成，結構相當堅實，為當時亞洲最長鐵橋，至今已有百年歷史，是目前臺灣唯一列為二級古蹟的鐵道橋樑；如今，化身為天空步道的舊鐵橋，每日磁吸絡繹不絕的

訪客。

　　鐵橋，牽繫不少人美麗的回憶。記得，我讀軍校時，每回從臺北回屏東，車過高屏鐵橋總喜歡觀看窗外一幅幅移動的風景，火車穿過鐵橋「空隆、空隆」的聲音融合著歸鄉的喜悅，收納在心坎裡；時間過得真快，一轉眼已過數十年，然而親切而熟悉的聲音，卻仍隱約迴盪在腦海。「歡迎回家！」看到鐵橋耳畔依稀傳來這樣的聲音，對離鄉背井的子弟而言，鐵橋成了歸鄉最美麗的地標。

　　行抵橋樑入口，放眼望去，藍天白雲與鐵橋交織成優美景致，老舊鐵軌向前展延，迤邐的景色在光影作用下，別具一番風情。現在這條天空步道，已成了熱門的打卡、拍照景點。「好幸福的畫面！」看到阿公牽著阿嬤的手緩緩漫步在鐵橋上，相依相持的畫面，彷彿詮釋著愛的真諦，讓人稱羨。

　　距離舊橋不遠處即為新橋，兩橋平行相映成趣，站在舊橋捕捉新橋上火車掠過的畫面，饒富逸趣。相對的，穿越新橋的旅人，想必也有不少人正凝望著舊橋呢！懷舊設施鐫刻著歲月風華，悠悠情境，歷久彌新。

　　鐵橋下是一大片溼地公園，站在橋面觀景，偶有飛鳥掠過，綠油油的田野，常見白鷺鷥、紅冠水雞、青足鷸……漫遊其間。「這裡原本到處是垃圾和受工業汙染的廢水，經過多年的整治，現已變成具有淨水與生態教育的溼地，我經常來拍攝漂亮的野鳥……」一位在地的老先生告訴我這裡蛻變的過程，臉上流露喜悅的笑容。的確，多一分關懷，生活環

境就會多一分美麗。

　　漫步舊鐵橋園區，遙想當年胼手胝足造橋鋪路的前輩，心中蕩漾著無限感念；他們以血汗和智慧鋪陳便利的交通網絡，也留下教人流連忘返的風景。

原載中華日報副刊 2019.06.08

老爸的藤椅

家裡有一套藤椅，這套藤椅是三十幾年前，我在臺北買第一棟房子時，父親交代住在臺北的二姐帶我去買的；父親特別交代，買藤製的比較實用與耐用。走了好幾處家具行，終於找到一套，不論是大小與顏色均較適合客廳使用的藤椅。

這套藤椅有一張三人坐的長椅，和兩張單人坐的手扶椅，另有大桌、小桌各乙張，特價一萬五仟元，大概是我當時一個月的薪水。老板再三強調這套椅子，是一條藤製作的，粗細非常一致，而且所有的編製均用手工精密結合，沒有任何一根釘子，用十年以上沒問題。

我問二姐：「會不會太貴？」「不會啦，老爸說你買第一棟房子，要買好一點的。」既然是父親的好意，我和二姐就決定買了。

我打電話回屏東感謝老爸，並邀他來臺北看看我買的房子和籐椅。「好啦！好啦！」父親非常開心地一口答應，然而由於我在軍中服役，戎馬倥傯，父親又忙於公務，直至他離開人世，仍未北上小敘；想和父親坐在藤椅上泡茶聊天的願望，只能寄語無限思念中……

三十餘年來，搬了三次家，淘汰了不少家具，唯獨這套藤椅仍伴隨在我身旁。

「你這套藤椅，該換新了吧！」有親友向我說，這套藤椅已用了三十餘年，夠本了，我總回答他們：「這套藤椅還很好用呀！」說真的，東西用久了，總有一份難以割捨的感情，何況是老爸送的，在腦海裡，這套椅子不論如何老舊，感覺都是最好的；值得一提的是，內人也很能體會我的心意，將這套藤椅保養得非常好。夏天藤椅坐起來非常清爽，冬天則鋪上坐墊，看起來非常美觀，每回坐在藤椅上，內心總會流淌一股暖暖的感覺。

記得小時候，家裡有一張單人坐的高背藤椅，老爸每天早晚都會坐在椅子上小憩。也許使用久了，加上老爸體重的影響，因此椅面有明顯的凹痕，後來藤面逐漸裂開，椅腳也有一點鬆動，老爸仍捨不得丟，在椅面下方拉上多條鐵絲，強化其支撐力，並在上方鋪上厚厚的紙板，繼續使用。我問老爸為什麼不買一張新的？他只是笑笑沒回答。後來有一回，修理藤椅的師傅來村子招攬生意，父親請他幫忙修理，師傅說買新的比較划算，修理工資要三百元，新的椅子只要五百塊，父親考慮的結果還是堅持要修理。後來，我離鄉北上讀軍校，有一次回屏東，母親告訴我：「你那天才老爸的寶貝椅子又修了兩次……」當時也覺得非常納悶。

為何父親會如此珍惜這張椅子？為何一而再修理？隨著年歲的增長，我逐漸能體會出老爸愛物、惜情的那份情懷？或許有一天，當我家這套藤椅，因歲月的侵蝕而破損時，我依然會像老爸一樣，想盡辦法，去維修它……

原載中華日報副刊 2015.08.08

鹽田的美麗風情

　　井仔腳瓦盤鹽田位於臺南北門永華村，是北門鹽場第一口鹽田，也是臺灣最古老的現址鹽田，至今已有 180 多年的歷史。10 餘年前，由於產業型態急遽改變，鹽田無奈地吹起熄燈號。近年來，重新導入觀光思維，為荒廢鹽田注入新的生命力，帶來新氣象。

　　走進景區，一畦畦銀色的鹽田，呈現猶如馬賽克拼圖般的美麗藝術，讓人眼睛為之一亮，不論是近觀或遠眺，各有不同美感。

　　為何稱為「瓦盤鹽田？」瓦盤鹽田是早期鹽民為避免粗鹽和土壤相黏在一起，將破裂的瓦盤碎片善加利用，以人工拼貼剪黏手法，鋪設在鹽田上，以隔離鹽和泥土，方便粗鹽採收時更潔淨，這種工法不但形成獨特景觀，亦充分顯現先人樸實的精神與生活智慧，頗耐人尋味。

　　為延續曬鹽產業文化及其美麗丰采，雲嘉南濱海國家風景區管理處將鹽場復育，讓井仔腳特殊的曬鹽景觀，原汁原味保留在北門永華里海岸邊，現已成為最具特色的觀光鹽田，每天都有不少遊客來訪。

　　「脫下鞋子，下場吧！」這裡保留有一處鹽田體驗區，讓大家親身體會曬鹽、挑鹽、收鹽的甘苦，感受赤腳踩在鹽

田上的特殊感覺。

　　鹽田是攝影者的最愛，尤其黃昏時刻，夕陽餘輝灑落在鹽田上，絢麗繽紛的色彩，鋪陳在鹽田上，多變的影像，讓人目不暇給。鹽田角落設有觀景台，站在高處可鳥瞰鹽田及眺望潟湖美景。鹽田的特殊景致吸引不少新人來拍婚紗照，甜蜜的畫面為鹽田增添了幾許浪漫風情。

　　除了觀賞鹽田之美外，連結鹽田的村落風光，更是美不勝收。傳統三合院紅磚建築，洋溢著古樸氛圍；貝殼連結成的窗簾，在微風中擺盪，宛如風鈴般的詩情畫意，還有牛車、石臼、古甕……等懷舊物品，裝飾成的巷道，散發無限魅力。

　　海堤外的潟湖，更是別有一番景色，寬闊的蚵田，綿延成美麗風光，常有白鷺鷥、夜鷺……等，在此悠然地覓食；尤其黑腹燕鷗每年都會來此過冬，上萬隻的黑腹燕鷗在空中盤旋後，停佇在潟湖的蚵架上，形成壯觀又奇特的畫面，潟湖賞鳥已成為愛鳥人的盛事。候鳥是環境的重要指標，北門地區因較少人為的污染，仍保有大自然的原始風貌，因此能吸引候鳥來訪，留下讓人驚豔的美景。

　　園區除了賞景之外，入口有小市集販賣各種具有在地特色的食材，虱目魚乾、虱目魚香腸、虱目魚丸、鹽焗蛋、鹹冰棒……等；尤其是吊掛在竹竿上一條一條虱目魚乾，彷彿融合著陽光、海風與鹽田的風味，頗受遊客喜愛，自己食用或餽贈親友，都是不錯的選擇。

　　值得一提的是，這裡亦有展售中心，提供以鹽製成的各

種飾品,頗具地方特色,如 366 生日彩鹽、五行能量鹽、平安鹽御守、祈福平安鹽、開運舒喜燒、幸運鹽粽子……等,小小飾品融合著無限祝福。

　　觀光與文化的結合帶來新風采,新的思維與創意活絡了沒落的村莊,帶來了優美景致;在候鳥來訪的季節,何妨來一趟井仔腳瓦盤鹽田之旅,採擷滿滿的喜樂與幸福!

原載中華日報副刊 2014.03.29

鄉土心　懷舊情

　　為了回味四、五十年代的農業社會,特別去造訪嘉義「頂菜園鄉土館」,這是由地方社區發展協會營造出的農村創意,一個充滿美麗回憶的地方……

　　幾根舊電桿搭建入口牌樓,散發古色古香的味道,在轉入鄉土館的路旁,有一段臺灣文學步道,一根根柱子寫著臺灣具有啟發性的諺語,各種趣味性的文字讓人莞爾。走進大門,門口是舊式的候車亭,簡易的布置很有懷舊的感覺。以往候車亭是人來人往最頻繁的地方,古典的車亭見證著社會的變遷和鄉村的人情味。亭外的木板牆上寫著:每一個社區

都有它的身世,消逝的不代表不存在。是的,歷史的變遷,每一個階段不論絢麗或平淡,都有它存在的意義;偶爾停下腳步,回味一下我們曾經擁有的美好記

憶，也許會讓向前行的步伐走得更平穩而有信心。

　　園裡放置各式各樣的車子，有牛車、三輪車、腳踏車、老舊公車……，只要你想到的它都有。最讓人懷念的是牛車，鄉下的小孩大多坐過牛車，牛車有兩輪和四輪的，通常兩輪的由黃牛拉速度較快，四輪的由水牛拉承載重量較大，當然也有不分黃牛、水牛隨興使用者。三輪車有載物和載人用的，載物的看起來堅固耐用，載人的看起來較舒適浪漫。還有當年最重要的交通工具腳踏車，有些車架上還放著賣枝仔冰的桶子，這種骨董車講求的是實用，當然沒有所謂變速的裝置；公車則是陽春型的，享受的是自然風。

　　近年來，到鄉土館參觀的人愈來愈多。老一輩的人來找尋回憶，青少年一代來找尋阿公阿嬤的生活足跡，有時也會看到三代同行，趣味無窮的畫面。

　　「阿公，這是啥貨？」小朋友看著各種物品不斷發問。

　　── 這是簑衣，就是最自然材質的雨衣。

　　── 這是寄藥包，也就是藥品「宅急便」，寄放家常用藥。

　　── 這是舊式熨斗。

　　── 這是竹製的搖籃。

　　── 這是黑膠唱片，也就是當年的 CD。

　　── 這是石磨，磨糯米做粿用的……

　　一個問題接著一個問題，阿公回答得不亦樂乎，阿嬤有時也搶答，臉上流露著走過艱苦歲月的榮耀！

　　學校老師也經常帶學生來實施鄉土教育，了解農業社會

食、衣、住、行、育、樂的況味，這裡也有當年原汁原味的
教室，綠色黑板、咖啡色桌椅和貼滿標語的牆壁，讓年輕一
代體會先人篳路藍縷的艱辛，看看物資匱乏的環境，有時更
能激發知福惜福的情懷。

　　園區另一個特色就是到處可見一些順口溜，例如布袋戲
是「千古是非不外一人操縱，萬般罪惡全由兩手造成」，歌仔
戲是「棚頂妖嬌得人疼，棚腳尚驚是照鏡」，風鼓是「鳥仔腳
蜘蛛肚，ㄟ吃米」……每句均能讓人朗朗上口，頗為逗趣。
還有當年的「愛國獎券」專區，那時獎券是彩色的，如果是
逢年過節通常會出現喜氣洋洋的紅色系，除了有號碼之外，
還有各種漂亮的圖案，當年沒中獎的愛國獎券，有些人會留
下來當作紀念，比起現在電腦列印的彩券，愛國獎券的設計
與印刷似乎略勝一籌。

　　這裡有些創意的地方，如豬舍客棧、香公所等也頗吸睛，
記憶中簡易的豬寮現在變成古色古香的客棧；當年使用率頗
高的公共廁所取名「香公所」，看了讓人會心一笑。

　　走進頂菜園鄉土館，依稀走入早期快樂的農村社會。淳
樸、美麗、自然，多麼讓人懷念的日子。偶爾停下奔忙的腳
步，回顧往日足跡，你會發現在接續的步履中，每一個腳印
都是美麗而值得珍惜的！

原載青年日報副刊 2012.09.25

古斷橋新風情

　　幽幽古橋，隱藏在景色秀麗的山中，磁吸著無數旅人的腳步……

　　「僅是一座斷橋，怎會如此具有魅力？」為探尋緣由，我和內人特別前往苗栗造訪這座被譽為「臺灣鐵路藝術極品」的龍騰斷橋，找尋那份歲月留下的滄桑與美麗。

　　龍騰斷橋又稱魚籐坪斷橋，位於苗栗縣風景優美的三義鄉，處於山線鐵路泰安到勝興火車站之間，橋長約 200 公尺，跨越魚藤坪溪，景色宜人。循著鐵軌遺跡步道，放眼望去就可看到龍騰北斷橋；傳統的紅磚建築，依然散發著宏偉的氣勢，十分吸睛！

　　「這個角度不錯喔！」遊客們爭相找尋適當的位置，捕捉美麗畫面。這座橋高約 50 公尺，是臺灣山線鐵路中最高的橋樑，建築方式頗為特殊，純粹用傳統工法堆砌而成，看不到任何鋼筋水泥，而橋身結構卻非常精實，能承受龐然的火車通過，確實非常不容易；雖然歷經關刀山大地震，橋墩之間的橋身部位斷掉，後來又遭受 921 大地震的摧殘，但橋墩依然屹立不搖，一塊塊堆疊的紅磚，依然散發著一股難以言喻的風情，稀訴說著諸多美麗故事。

　　萬物的存在都有其意義。斷橋，有可能成為廢墟，當然

也可以重新注入新的生命力，賦予它存在的價值。觀望百年斷橋，古樸而執著的丰采，彷彿訴說著：勇於面對環境考驗，就可找到重新出發的亮點，彩繪出優美風景！

順著指標，往南斷橋方向。園區為方便遊客行走，建有一條跨溪的橋樑，主結構是鋼筋水泥，值得肯定的是，在微弧狀的橋面，鋪上木質地板，增添不少懷舊風情。站在橋上，諦聽潺潺水聲、啁啾鳥語，讓人心胸舒暢無比；眺望四周，滿山的綠意，淡淡的山嵐，還有幾隻白鷺鷥在山澗溪谷自由自在地飛翔，悠然之情，讓人稱羨。

走過小橋，往上攀登數十餘公尺，即可抵南邊的龍騰斷橋。「好漂亮的景緻！」斷橋與樹木、樹根糾結在一起，難分

難捨的景況，交織出令人讚嘆的畫面，有人形容這裡的景色，與吳哥窟的樹屋頗為神似。我和內人在此拍了不少相片，希望見證大自然的奧妙；植物隱含鍥而不捨的精神，展現強韌的生命力，留下奇特風景，教人嘆為觀止。

　　從南斷橋眺望北斷橋，在記憶的曠野依稀可以尋回「嘟 ── 清嗆 ── 清嗆」的美麗畫面，蒸汽老火車來回奔馳，牽動不少令人難忘的回憶。時代不斷地向前演展，回顧往日的歲月，一個個美麗的足跡，寫著「遇山開路、逢河架橋」的故事；先人篳路藍縷的奮鬥史，在歷史不斷向前推移的步履中，每一個接續的畫面都存在著難以抹滅的意義。龍騰斷橋，原本的交通運載任務雖然早已吹熄燈號，然而那份融合人類智慧的建物，仍然以另外一個容貌與大家相見，留下不少讓人驚豔的畫面……

　　　　　　　　原載青年日報副刊 2016.01.26

磚窯燒製美麗記憶

　　初春，造訪宜蘭磚窯，漫遊古樸園區，依稀走入時光隧道，牽繫著幾許思古幽情。

　　宜蘭磚窯又名津梅磚窯，當年宜蘭北津、梅州一帶的土質由於黏度較高，非常適合燒製紅磚。早在清朝時期就開始有磚窯在此營運，隨著建築需求日增，曾造就一片榮景；後來，由於建材不斷改變，紅磚需求遞減，磚窯隨之沒落；然而，為記錄其往日風華，留下美麗記憶，特別將其列為縣定古蹟。

「好漂亮的畫面！」行抵景區，放眼望去，一片蒼翠的綠地上，座落十三座紅磚砌成的磚窯，斑駁建築散發古樸而典雅的風味。由於每間磚窯相互連結，形狀宛如中文的目字形，因此也被當地人稱為目仔窯，值得一提的是，在每間窯室的交界處，有著鳥頭造型裝飾，十分吸睛。「為何會有這些裝置？」「以往，磚窯在燒製磚塊時，會產生熱氣，天寒時，許多小鳥會飛來這裡取暖，鳥兒也是這裡的常客，設置此裝置藝術，不但美觀，而且兼具實用性，鳥嘴同時也是排水孔呢！」在地一位老先生熱心地為大家導覽，風趣而精要的內容，勾勒出先人的人文與藝術涵養。

　　最醒目的還有磚窯後方高達三十餘公尺的大煙囪，用長方形磚塊堆疊成圓形大煙囪，的確不容易；而且，不但要面對歲月侵蝕，更要經得起天災考驗。抬頭仰望高聳的建築物，眼前依稀浮現當年揮汗的匠師，由於他們精湛的工法，才能留下這種宏偉的建物；至今，仍然屹立不搖。

　　園區綠地旁留有當年用來運送材料、磚塊的五分車軌道，老舊設施牽引著往日歲月的記憶，我和內人在此拍照，希望能捕捉藍天、綠地和磚窯彩繪的美麗畫面。

　　磚窯前方走廊牆面上，掛有多幅看板，寫著磚窯的發展史，磚的大小代誌……，其中「在地ㄟ磚仔情」，介紹當年由於宜蘭經常陰雨綿綿，衣服較不易晾乾，在地人將衣物拿至窯內，利用燒窯後的餘溫烘乾；另外，有些村民前來回收使用過的煤渣，再度運用，充分發揮物盡其用的精神。看看這

些連結磚窯的故事，頗耐人尋味。另外亦有「古今磚事」介紹有關磚的成語和故事，如拋磚引玉、陶侃搬磚、磨磚成鏡……等，逸趣十足。

建築與人類生活息息相關，磚窯融合先人的智慧，刻畫著當年篳路藍縷的艱辛。漫步宜蘭磚窯，遙想當年景況，內心蕩漾著遇見老朋友的欣喜。

原載中華日報副刊 2019.04.16.

藝遊蚵仔的故鄉

　　藝術的最高境界就是透過創意思維，賦與廢棄物新生命，帶來心靈的悅樂與感動。其創作歷程與意義，非常具有啟發性，它的價值難以衡量。

　　走進王功漁港附近的「蚵藝文化館」，每一個生動活潑的藝術創作，彷彿都融合著耐人尋味的故事。

　　王功一向有「蚵仔的故鄉」之稱，它位於彰化芳苑鄉，西濱臺灣海峽，是大肚溪與濁水溪的沖積平原。沿海居民大多以近海捕魚及養殖蚵仔、鰻魚、蝦……為主，尤其蚵仔產量豐富，品質良好，口感極佳，素有「珍珠蚵」美譽；因此，也產生四處成堆的蚵殼，怎麼處理這些蚵殼也成為惱人的問題。

　　社區蚵農集思廣益「化腐朽為神奇」，賦與蚵殼新生命，使其成為賞心悅目的藝術品，

更成為在地特色文化。蚵殼形狀粗糙且黯淡，要將它變成亮麗的藝術品，談何容易；以往貝殼的藝術創作，絕大多數是運用較平滑、細緻的貝殼做出獨特的飾品，以蚵殼創作者寥寥無幾。但經過蚵藝文化學會及地方人士的努力，導入藝術思維，創意作品讓人嘆為觀止。看著一個個充滿逸趣的藝術品，有時真令人難以置信它的素材竟然是廢棄的蚵殼。蚵藝文創帶來藝術氛圍，帶動在地人以蚵殼布置庭院與巷道，為淳樸的小漁村帶來新風貌。

　　「好可愛的創作！」一進館內，迎面而來的是可愛的人物與動物造型，細看由蚵殼與貝殼組合而成的身軀，唯妙唯肖的樣貌，讓人嘖嘖稱奇；接著是整排的鳥類，白鷺鷥、黑面琵鷺、高蹺鴴、藍鰹鳥、小鴨子……每一個造型都栩栩如生、活潑逗趣，獨一無二的作品頗具典藏價值，尤其看到那些曾經在王功地區出現的候鳥，就覺得特別親切。

　　架上放置的盆栽，周邊擺上可愛的小動物，如青蛙、招潮蟹……和十二生肖的作品，每一個都栩栩如生，逗趣的模樣彷彿在向訪客打招呼；也有實用的壁燈，將藝術之美帶入生活中，散發大自然的浪漫風情。

　　「這隻兔子的耳朵是什麼做的？」

　　「蚵殼！」小朋友答案非常一致。

　　老師帶著一群學童參觀蚵藝文化館，開心地和小朋友互動。「大家想一想，蚵殼還可以做成什麼？」「鳥的翅膀！」孩子的世界總是充滿想像力，在快樂學習中腦力激盪，啟發

對藝術創作的靈感，也將環保教育潛移默化向下扎根。

　　原本廢棄的蚵殼再生，成為不凡的藝術品，這些具有在地特色的作品，不但弘揚藝術內涵，也為小漁村帶來美好願景。「蚵殼的藝術化，好像是讓蚵仔生出珍珠。」有位在地的老阿伯向大家說出他內心的想法，臉上流露著無限喜悅。社區積極推動蚵藝活動，不但創造新的商機，更凝聚鄉親的向心，尤其學童加入創作行列，活潑的思維為王功注入藝術的活力，蚵藝文化如大海般浩瀚與奧妙，閃耀著亮麗的前景。

　　推廣蚵藝與海洋文化，讓生命貼近大自然，為幸福漁村做最真切的見證。看著「蚵藝文化館」牆上充滿生命力的壁畫，讓人深刻地體會「一沙一世界」的禪理，只要用心就能創造美麗的新境界！

原載青年日報副刊 2013.02.01

驚豔鄉村之美

　　旅遊除可拓展視野之外，有時更會不經意地發現令人感動的畫面；有些地方雖非名勝古蹟，但純樸的人文風情卻讓人留下深刻的印象。

　　西勢社區位於彰化縣福興鄉，四周綠野平疇，景色優美，常見白鷺鷥悠然漫步田間。近年來，由於社區推動友善空間營造有成，尤其巷道彩繪頗獲好評，現已成為遊客尋訪的景點。

　　「好漂亮的彩繪！」行走巷道，發現一幅幅美麗的圖畫呈現在眼前，最特別的是，這些作品是來自世界各國的青年志工朋友所彩繪，自然的構圖、鮮豔的色彩留下賞心悅目的藝術創作。

　　「年輕人想像力豐富，富有熱情，能為社區注入生命力……」近年來在社區推動下，每年都有來自韓國、日本、匈牙利、香港……等地區的國際志工，來到這裡與年輕朋友交流，除了參與民俗與文化活動之外，他們也在西勢巷道留下美麗的彩繪。今年特別以「孝」為主題，彩繪出耐人尋味的作品，成為攝影者聚焦的美麗角落。

　　觀賞繽紛絢麗的畫面，依稀能感受到融合在藝術作品中的真摯情誼。尤其安排年輕的國際志工與社區銀髮族互動，

讓人倍感溫馨,「志工愛,鄉土情」留下諸多幸福、喜樂的畫面。

　　薪傳地方特色,能增添懷舊氛圍。行走巷道,有時候可以看到編製竹掃帚的景象。竹掃帚是生活的好友,至今仍是戶外掃地的最佳工具,西勢因出產的竹掃帚質量冠全台,因此素有「掃帚故鄉」的美譽。

　　掃帚除了清潔環境之外,更蘊含先人的智慧;製作竹掃帚的流程,從取材、修剪、排列、捆紮,每一個動作都要非常確實,成品才會好用、耐用。「做掃帚賺不了大錢,但把它當作做好事,心裡就會很快樂!」從師傅的臉上可體會出知足常樂的道理。社區為了傳承先人的智慧,成立掃帚文物櫥窗,介紹掃帚的製作過程和相關文物,透過文物的介紹,也許能帶來不一樣的人生啟示。「掃帚含有掃千災、納百祥的意義,值得用心體會……」熱心從事社區服務的志工說出了對掃帚文化的看法。

　　不論是有形的掃帚或無形的掃帚,都是人生不可缺少的;對照人生,理性、善念就是生命的掃帚,能清潔我們的心靈。另外,社區也推動「掃帚舞」,生動有趣的舞步頗具民俗特色,已逐漸打響名號。

　　綠意盎然常能帶來喜悅的心情,巷道常見綠藤攀爬,有些瓜棚也變成漂亮的綠色廊道;徜徉社區,樸實的鄉村風貌讓人腳步格外輕鬆。

　　除了參觀彩繪及掃帚製作之外,這裡還有九十四歲老阿

嬤縫香包，陀螺達人及捏麵大師的文創展演，神乎其技的功夫讓人大開眼界。

　　一顆溫暖的心，加上藝術創作和地方特色，活化了逐漸沒落的鄉村，帶來新的生命力。走訪彰化西勢社區，優美的農村景色、豐富的文化風采，讓人內心洋溢滿滿的幸福！

原載青年日報副刊 2013.09.18

邂逅美麗校園

　　林木蓊鬱、綠草如茵、房舍古樸……建構出一幅美麗畫面，這是讓人稱羨的彰化藝術高中第二校區，它坐落於景色優美的八卦山，將原本閒置的營區蛻變成藝術學校，富有創意的思考，帶來校園新風貌。

　　循著綠色學習營地指標，進入充滿藝術氛圍的校園，讓人腳步格外輕鬆。這裡沒有圍牆，有的是樹木和藤蔓；這裡沒有高樓大廈，有的是老舊磚瓦房舍；沒有車水馬龍的喧囂，只有悅耳的蟲鳴鳥叫。看！操場的角落有一處「開心農場」，種植白菜、四季豆、絲瓜……等，旁邊的迷彩崗哨寫著「開心農場教學步道」，透過親手種植，讓學生了解蔬菜的成長過程，不僅能享受田園之樂，並可體會「一分耕耘，一分收穫」的道理，多麼務實的啟發式教學。

　　向前望去，有一座原本營區留下的司令臺，那是部隊當年集合、訓練的場地，如今成為學生校園活動的好地方。

　　「好美的情境！」不遠處傳來陣陣歌聲，七、八位同學在大榕樹下練唱歌曲，美妙的歌聲飄盪校園，增添不少青春的熱情與活力。司令臺後方有幾棟依地形而建的老舊營房，傳統的磚瓦建築流露出古色古香的風味，現在這些營房已成為教室，但在力求保留原貌的修繕原則下，仍流露出傳統營

舍簡單、樸素與整潔的氛圍。

　　校園間有一條路命名為將軍路，筆直的林蔭小徑，兩旁有百餘種八卦山的原生植物，可對照解說牌觀賞，例如羅式鹽膚木，是一種果實會長鹽巴的樹，這種樹上會長出鹿角狀的蟲癭，可做為中藥材；另有一種樹名叫「山豬肉」，何以有如此怪異名字？據稱樹幹橫切面紋路及色澤如山豬肉，因而有此趣味的稱謂。漫步其間，除享受景緻之美外，亦可獲得不少新知。

　　這裡的牆壁非常具有特色，仍保留原來的各種設置，有一處紅磚牆上面寫著「榮譽榜、新聞集錦、生活花絮、我們的話」，另一處寫著「政令宣導、長官的話、專題討論、官兵伙食。」每一處欄位，對曾當過兵的人而言，都非常有親切感。還有建築物前很多當年的洗手臺大多被完整地保留。另外有一處露天澡池區，也很有特色，這是以前阿兵哥一起洗澡的地方，方形的大水池，見證著弟兄們同甘苦、共患難的歲月。現今池中有一榕樹的落地氣生根立於池內，似乎捨不得離開池子，樣子頗為逗趣。

　　林蔭下有石頭桌椅，幾位好友相聚於此，享受大自然的美景，可引發創作靈感。另外有一個由黑色與白色小石頭排成的太極圖，看起來頗有藝術之美。這裡也有一條充滿詩情畫意的碎木步道，行走其間，陽光、綠葉加上啁啾的鳥語，別具一番風情。

　　校園角落有一處可愛動物區，養有豬隻、乳牛、小白

兔，帶來不少田野風味；走在校園偶爾也會邂逅可愛的松
鼠、翩然飛舞的蝴蝶和悠然自在的黑冠麻鷺；有時真會讓人
分不清它到底是學校，還是山林的自然公園？

　　這是一個處處有驚豔的校園，老舊營區導入藝術思維，
帶來新風貌，教室的外牆上寫著標語：「教育即生活，生活即
藝術」、「這是一所有靈性的學校」、「在這裡每一步都在創造
歷史」，從這些標語的字裡行間，可以看出學校的美麗願景。
　　彰化藝術高中將人文、藝術、大自然融合成美麗的園
地，為生活美學結合生態環境的詮釋，做了最好的示範，值
得喝采！

　　　　　　　　　　　原載青年日報副刊 2012.12.03

元宵燈籠藏逸趣

　　春節期間到處瀰漫著喜氣洋洋的氛圍，漫步街頭看看各種喜慶物品，心中滿是喜悅。

　　「好可愛的燈籠！」在各種應景品項中，最多樣、最吸睛的大概就是歡慶元宵的小燈籠。公仔造型的人物、動物、花朵……種類繁多，在一家禮品店，看到一個紙做的傳統燈籠，縐褶的外觀、圓桶造型，頗有親切感，於是買一個回家，那燈籠配有一支紅色小蠟燭，點燃燭光，晃漾的光芒隱隱勾勒出童年的記憶。小時候製作燈籠十分克難，用空鐵罐為主體，並打幾個小洞透光，便是最環保的燈籠；也有較正規的，用玻璃紙、厚紙板、竹條……製作；在物資匱乏的年代，自製童玩總是能帶來更多樂趣。提個自製燈籠與好友四處逛逛，感覺真新鮮！

　　隨著時代進步，燈籠樣貌日益新潮，發光體以電池取代了蠟燭，結構也較牢固，然而卻少了傳統工藝之美；女兒小時候，為了讓她瞧瞧有別於現代的燈籠，我和內人都會想盡辦法和女兒一起製作傳統小燈籠，並提著到附近公園走走，希望讓她留下美好回憶。

　　當年服役時，燈籠也有不少有趣的回憶。「哇，武器大展耶！」通常元宵節會舉辦花燈比賽，弟兄們做出來的花燈，

十分具有創意,有些將戰車、船艦、飛機……等武器裝備做為花燈主題,饒富逸趣。

燈籠蘊藏對傳統習俗的堅持,有一年春節期間至鹿港老街遊逛,特別去拜訪一位製作燈籠的老師傅,他告訴我:「一個精美的燈籠,必須結合竹編、糊紙、書畫與彩繪等技藝,每一個細節均不能忽略。燈籠是一種藝術品,有不少外國人士對傳統燈籠之美情有獨鍾,都買回去當紀念品……」的確,精緻懷舊的燈籠散發著典雅風情,更隱含思古幽情。

近年來,各地的元宵節花燈展都導入了休閒與觀光思維,且搭配各種生肖主題,營造喜樂氣氛,吸引眾多觀光人潮。「真漂亮!」有一年偕內人至桃園賞花燈,遇到許多外國朋友前來觀賞,他們頻頻拍照,讚不絕口,快樂神情展現出對花燈的喜愛。地球村時代,融入文化與喜慶的場景最能吸引旅人的腳步。

不論傳統或現代樣式,燈籠都融入「祈福與光明」的溫馨意涵,隨著時代變遷,元宵節各式各樣花燈,雖然製作材料與技巧不一樣,但那薪傳民俗技藝與文化的精神,始終拓印著幸福歡喜的意象,值得細細品賞。

原載青年日報副刊 2020.02.08

扇形車庫遊趣

時光流轉，有些景物刻畫著光陰的故事，仔細品賞，頗耐人尋味。

造訪彰化扇形車庫，特殊設施與造型十分引人矚目，它是目前臺灣唯一保存的扇形車庫，已列為彰化縣定古蹟。「扇形車庫」的命名，是由於弧形車庫以調車轉盤為中心，連結軌道向外呈現放射狀，猶如一面扇子，以形命名，饒富逸趣；再者，早期火車頭每隔一段時間，必須入庫保養維修，因而又被暱稱為「火車頭旅館」。火車一向扮演交通運輸要角，看看各種完備設施，不難想像當年此處的繁忙景況。

「好酷的機器人！」園區內立有兩座雄赳赳的機器人，它是利用廢棄火車零件組裝而成，手持長矛及盾牌，守護著珍貴的歷史建物。機器人彷彿是超級偶像，許多遊客爭相與它留影；機器人旁有兩張大椅子，就是以廢棄鐵器製成，新穎創作為環保再生做了最好的見證。

扇形車庫曾在鐵路交通史上留下亮眼紀錄，各種設施都非常完善又有創意，彷彿是火車博物館，經常有師生前來教學參觀，由現場人員對照實體解說，讓人印象深刻。

值得一提的是，廠區雖已列為古蹟，然而仍保持維修任務。「噹、噹……」很幸運，剛好遇到火車頭要進入扇形車

庫，大家紛紛捕捉這難得一見的畫面；精巧又實用的設計讓人嘆為觀止。「選好目標再展開行動」彷彿是人間通則。在人類歷史演進中，很多小小事物都是無數人智慧與心血的結晶，細加體會便能帶來人生啟示。

　　登上觀景台，眺望園區，圓弧狀車庫以十二條放射狀軌道，巧妙連結大轉盤，形成特殊景致。車庫內放置有各型火車頭，斑駁身影隱隱描繪出當年馳騁四方的英姿。

　　在廣場有一家人要我幫他們以扇形車庫為背景拍照，看看他們歡愉的臉上洋溢著幸福，讓人稱羨。和他們閒聊間，得知老父親年輕時服務於臺鐵，現已年邁，行動有些遲緩，帶他來看看早年的懷舊設施，勾起美好回憶，貼心舉動讓人備感溫馨。

　　懷舊景物，融合先人珍貴的歷史文物資產，亦典藏無數人的記憶。歲月步履不斷向前，偶爾駐足，回望那些接踵的腳步，心中湧生知福惜物的感懷。

原載青年日報副刊 2019.11.02

輯三　　老行業新風采

搖動時光的風鼓，篩落一粒粒金黃的記憶……

放送幸福的柑仔店

　　錢來也柑仔店位於臺南北門，近年來已成為懷舊的熱門景點。尤其很多年輕人喜歡來此「打卡」，分享美麗畫面。

　　創意思維往往會為懷舊的景物，注入新的生命力。錢來也商店原興建於民國 41 年，為傳統斜瓦平房的舊式建築，是早期台鹽的員工福利社，販售各種日常用品。90 年間台鹽北門鹽場停止營運，這家雜貨店也隨之吹熄燈號。所幸，兩年後在有心人士的推動下，將老舊建築賦予新意義，將錢來也

雜貨店重新開張，帶來新風貌。

　　走進錢來也讓人倍感親切，四、五年級生來回味童年歲月，年輕一代來感受懷舊風味。這裡販售品項非常多元，有早期童年的小零嘴，如柑仔糖、鹹橄欖、彈珠汽水……等；有玩具如陀螺、彈珠、彈弓……等；也有學生用品，如帽子、書包、筆記本……等。每一個小東西彷彿都連結一則美麗的故事，頗耐人尋味。

　　柑仔店是四、五十年代大家生活的好鄰居，有些記憶滿有趣的，例如以前的柑仔店可以賒帳，也許因為村子裡的住家，大夥兒都相互認識，彼此給個方便，通常柑仔店會掛一面黑板俾便記錄，這應該是現在便利商店與柑仔店最大的區別。「有欠有還」，通常賒帳者手頭方便時，都會儘快還錢，彼此都挺有默契的。還有，那時候好像也很少擔心黑心食品的問題，也不會去懷疑斤兩，老闆說多少就算多少。「誠信」在農業社會是大家共同遵守的準則。

　　當年柑仔店也是村民閒聊聚會的場所，有些店家會擺放桌椅及茶水，感覺頗為溫馨。記得小時候村子裡的柑仔店，最熱鬧的時候是世界少棒比賽時，柑仔店會搬出黑白電視供大家觀賞。「中華隊，加油！」店裡、店外迴盪著加油聲，每當少棒打贏時，柑仔店也會用紅紙貼出號外，柑仔店除了買賣東西之外，也多了一項傳遞訊息的功能。

　　錢來也保留原來的老舊建築，牆上裝飾有很多圖樣，如魚、動物、花草……等造型，頗有藝術氛圍；最讓人驚豔的

是這些吸睛
作品是用廢
棄的貝殼、
蚵殼、瓦片
排列組合而
成。創意,
真能化朽木
為神奇!

　　屋前掛
著大大的金
元寶招牌,象徵生意興隆、財源廣進,庭院的盆栽都裝飾有
貝殼,增添不少海洋風情。圍牆旁有一個別出心裁的候車
亭,亭子掛著一個圓形的標誌,寫著「問路店」,讓人看了
格外親切。沒錯,以前問路找柑仔店就對了。

　　錢來也,曾是偶像劇「青蛙變王子」拍攝場景,因而聲
名大噪,吸引大量的遊客來訪,足見懷舊景物的魅力無限。
現在庭院擺設有青蛙造型木雕與模型,可愛的模樣,趣味性
十足。

　　錢來也,「俗而有力」的名字,頗具吸引力。錢來也,並
不是要人視錢如命,反倒是要人「看得開」。店內用閩南語寫
著對聯,「來無萬貫若神仙,錢有四跤逐袜著」;錢,強求不
得,一切順其自然,樂觀以待,隨緣就好。

　　柑仔店純樸的風貌寫著農業社會的美麗記憶,融合著傳

統的信任與純樸,這種氛圍在講求功利的高科技社會,更顯得難能可貴。錢來也,懷舊的地方,導入創意思維,帶來人潮,也帶來一股溫馨暖流⋯⋯

原載青年日報副刊 2014.01.04

老師傅與時鐘

在無米樂的故鄉－臺南後壁菁寮老街，有一家頗具特色的骨董鐘錶店，走進這家被譽為國寶級的瑞榮鐘錶行，彷彿走入時光隧道，牆上懸掛著各式各樣的骨董老時鐘。老板是年近九十歲的殷瑞祥先生，看著他專注修手錶的神情，好多遊客拿出相機，從各個角度捕捉老師傅的身影，有時瑞祥伯也會擺出「讚」的可愛手勢，露出充滿自信的笑容。現在要看到這種畫面已非常難得；時代越進步，科技越發達，相對的，懷舊的工藝越顯得彌足珍貴。現在大部分的人使用的幾乎都是電子鐘錶，而且價格非常大眾化，使用壞了大多是汰舊換新，很少人會送修，這種傳統修鐘錶已近絕跡。

店裡數十個骨董老時鐘，「滴答、滴答」的聲音縈繞耳畔，一聲聲都如美麗的音符，訴說著光陰的故事，記得小時候很多人喜歡以「滴答」聲來描寫歲月的跫音。老時鐘還有一個特色就是整點報時，「噹、噹」的聲音非常清脆，店內數十個時鐘一起響起非常熱鬧，「好像交響曲喔！」瑞祥伯打趣地說。

瑞祥伯從十五歲就開始學修鐘錶，二十歲正式執業，如今已超過一甲子。不論生意興隆或沒落都樂在工作，這種一輩子堅守工作崗位的執著精神真的不容易。很有趣的是，看

看牆上的時鐘，長短針位置都非常一致；讓百年骨董老時鐘能準確報時，需要付出多少維修的心血啊！尤其這份愛物惜物的情懷更教人佩服。

「阿伯，你實在不簡單！」

「哪有，只是興趣啦！」阿伯手摸他的寶貝鐘，笑得好開心。也許是積極的人生觀，讓他從修理與典藏時鐘裡找到人生的樂趣，各種骨董鐘錶，有來自日本、西班牙、瑞士⋯⋯等國家，各有不同特色，在他的眼中鐘錶不只是報時工具，更是具有生命力的藝術品。

「為什麼這個時鐘不用電池也會準確報時？」「因為有發條、齒輪⋯⋯」瑞祥伯看到來店裡的小朋友有時候也會和他們互動，來一段機會教育，趣味性十足。典藏這些古鐘，讓上一代的智慧薪傳下來，意義非凡。

瑞祥伯，一位樂觀、充滿智慧的長者，用老當益壯來形容他，非常貼切。硬朗的身

體、爽朗的笑聲讓店裡洋溢溫馨的氛圍。「這是什麼鐘？」你只要發問，瑞祥伯都會侃侃而談，敘述它們的身世，每一個鐘彷彿都是瑞祥伯的莫逆之交。

　　瑞祥伯的櫥櫃除了鐘錶之外，還擺放很多參加路跑獲頒的獎牌，好厲害的阿伯，能靜能動。

　　「阿伯，你的身體真勇健，怎樣保養的？」瑞祥伯笑得好燦爛，他的笑聲依稀告訴大家：「健康就是人生最大的財富。」是的，常保知足常樂之心，多微笑、多運動就是瑞祥伯的樂活之道。

原載中華日報副刊 2013.07.13

打鐵店風情

　　走過石碇「不見天」老街，不遠處傳來「鏗鏘、鏗鏘」的打鐵聲，這裡有一家被譽為國寶級的遠光打鐵店，這家百年老店不論是煉鐵、敲打、磨利都採用最傳統的方法。「我是從松山特別過來磨鋤頭的，傳統的最實在⋯⋯」一位老阿伯告訴我，好不容易才找到這家店，他的兩塊大鋤頭經過師傅的鍛造，又像新的一樣，真是神奇。遠光打鐵店三代五人從事傳統打鐵的工作，現由葉德茂先生負責。精湛功夫與執

著精神令人佩服,現已成為參訪的熱門地點。

　　傳統打鐵店的店面通常會有大架子,掛滿鐮刀、斧頭、菜刀、鋤頭……等成品,店內有一座大熔爐、鼓風廂、鐵鎚、砧台、長鐵夾……等。在四、五十年代,因為臺灣是以農業為主的社會,務農人口多,鐮刀、鋤頭、鐵鏟、圓鍬、鐵耙……等農具的需求量相當大,使用也非常頻繁,所以打鐵店的生意極為興隆,到處都可看到打鐵店,有些地方,甚至形成聚落,行走其間,各種敲打、磨光的聲音此起彼落,形成特殊景象。

　　「打鐵要注意材質和火候……」老闆說打鐵看似簡單,卻是相當不容易的工作,不但要費力,更要用心,才能完成堅固耐用的鐵器。打鐵不只是用力搥打,更重要的是需懂得「因材施用」,生鐵、熟鐵、鋼鐵,各有不同的用途和鍛造方式。鐵器要做得好,真是處處皆學問啊!

　　打鐵是件辛苦的工作。小時候經過打鐵店,經常看到打鐵師傅個個汗流浹背,製作鐵器的流程通常是先將鍛鐵用高溫燒紅,然後用撞鎚機打造成大致模型,再由打鐵師傅逐步修整成形,面對高溫與噴出的火花必須格外小心,以免被灼傷,完工之後再迅即放入冷卻的液體中「淬鍊」,高溫的熱鐵器放入液體的瞬間,發出「滋」的一聲,冒出煙霧般的水氣,那種由熱突然降溫的感覺,好像潛藏的「能量」瞬間迸出,聽說這樣急速的改變溫度才能增加鐵器的硬度,最後由師傅再加以細磨及固定,鐵器才算完成。

　　將鐵塊變成鐵器，必須有真功夫，每一具鐵器彷彿就是打鐵師傅的藝術品，因此，所有的流程與動作都要非常確實，做出來的東西，才能堅固耐用，成為農民的得力助手。

　　六十年代之後，機器製作的刀具紛紛出籠，甚至也有從國外進口者，嚴重衝擊傳統的打鐵店。雖然機械量產的鐵器製品，有些看起來比較精緻，價錢亦非常符合大眾的要求；但純手工打造的鐵器除了較為耐操耐用外，彷彿多了一份生命力與懷舊的味道。儘管如此，打鐵業的沒落已是時代所趨，「如何賦予它新的生機？」有一回去韓國參訪民俗文化村，他們將打鐵店，規劃成一個小景點，介紹及示範製作鐵器的過程，並提供遊客拍照，創意的點子，吸引不少遊客的目光。

　　其實，打鐵這種逐漸消失的行業，也有不少人生啟示，有一句話說：「打鐵要趁熱」，就是提醒大家凡事必須掌握機緣，立即採取行動，才能創造優勢。又有一句說：「千錘百鍊方成鋼」，一件鐵器的完成，要經過多次的高溫、鎚打、淬煉；人何嘗不是如此？只有經過逆境的淬鍊與挑戰生命才會精彩。聽聽「鏗鏘、鏗鏘」的打鐵聲，體會寶貴的人生哲理，別有一番滋味在心頭！

　　　　　原載更生日報副刊 2013.02.20

藍染彩繪小確幸

　　傳統工藝導入創意思維，往往能注入新的生命力，帶來新風貌，讓人驚豔……

　　走訪三峽老街，在狹小的巷弄裡，發現一處古色古香的磚瓦房舍，門外掛著藍染的醒目招牌，這就是三峽染工坊，庭院有一具古老的抽水幫浦和三個裝滿「染料」的大水缸，牆邊晾曬一塊一塊湛藍的

染布，精緻而優美的白色花紋，在光影的襯托之下，散發著夢幻而典雅的風情。

　　「好浪漫的裝扮！」一對情侶穿著藍染情侶裝在工坊拍照，甜蜜的模樣，羨煞不少遊客。近年來，工坊的訪客日益增多，有來戶外教學的師生，也有親子同遊的小家庭，尤其很多情侶來此體驗藍染的樂趣，留下美麗足跡。

　　「三峽的藍染為何如此興盛？」「主要是環境因素……」工坊的志工媽媽告訴大家，藍染主要的染料是山藍（俗稱大菁、大青，學名馬藍），這種植物較適合生長在潮濕陰冷的地

方，三峽地區有許多低海拔的山坡地，非常適合這種植物的生長。再者，當年三峽因有清澈的水流可供漂布，加上便利的河運，各種因素形成發展三峽藍染的有利條件，因此帶來藍染的無限商機，尤其在清朝末年期間，三峽藍染業處於鼎盛時期，街道染布店林立，一片榮景，然而隨著各種染布技術的引進，藍染技術日益式微，幾近失傳；所幸，近年來，三角湧文化協進會積極成立工坊，配合節慶辦理各種藍染活動，薪傳先人的手工染法，讓藍染的風華再現。

「好漂亮的作品！」展示間的牆上掛滿各種藍染創作，有衣服、布料、包包、圍巾、門簾，也有藍染布料做成的各種飾品、娃娃……等，讓人目不暇給。比起現在一般紡織品的五顏六色，天然植物的色彩依稀多了一份純樸與藝術之美。有一句話說：「天然ㄟ尚好！」用在藍染的效果，頗為貼切。

展示間旁是教室，提供藍染教學與體驗活動，裡面除了教學設備之外，牆上張貼有製作流程，並放置有筷子、小木片、橡皮筋等簡易器材，供遊客使用。簡單材料加上巧思就可產生千變萬化的圖案，多麼神奇！

藍染先要學會摺布，這個動作主要是在形成染布的紋路造型，基本原則是一正一反的摺疊，看似簡單的動作，有時也會讓人手忙腳亂。看著大家手摺布料，一時興起，我和家人也一起加入藍染創作的行列；相互觀摩、相互請教，歡笑聲洋溢著工坊，人生有時抱持赤子之心，更能體會出生活的

樂趣。

　　摺好布接著就是將作品泡水、漂染、晾曬；先泡水讓布濕潤，然後至染缸漂染三次，每次約三分鐘，而且每一回都必須取出並拉開，使其接觸空氣，達到氧化效果，再用清水沖洗後晾曬。單純的動作必須拿捏恰當，才能確保品質。

　　「太棒了！」看著自己的作品，每一個人臉上流露著喜悅與幸福；不管成品如何，都是最美好、最漂亮的；手持「獨一無二」的作品拍張相片，留下美麗而珍貴的回憶。

　　藍染是頗具趣味性的手工藝創作。三峽藍染導入文創與觀光思維，運用大自然的資源彩繪生活美學，染工坊結合地方特色傳承祖先的智慧與文化之美，飄送著濃濃的復古情懷，讓人倍感親切……

原載青年日報副刊 2014.05.10

捏麵人的繽紛世界

　　路過老街，有一攤位的師傅正聚精會神的在製作捏麵人，「好可愛的小白兔、無尾熊……」小桌子上擺滿了各種成品，有可愛動物、卡通及歷史人物，有不少人圍觀，「阿公，我要買這個！」一位小妹妹拿起精美的捏麵人。「這係啥貨？」「是憤怒鳥啦！」阿公拗不過小妹妹的要求，只好買了一支捏麵人，看著小妹妹拿著捏麵人開心的可愛模樣，令人莞爾。

　　現在要看到這種傳統手工藝已不多見。一雙巧手，運用簡單的工具，熟練的技巧，搓、捏、捻、粘也可創造出美麗的世界。捏麵人，又稱之為「米雕」，或「捏糯米尪仔」（閩南語），在農業社會是頗受歡迎的民俗傳統藝術。

捏麵人的歷史非常悠久，相傳孔明曾以米、麵為材料捏成各種祭品，祈福渡江，所以捏麵人又稱為「江米人」；唐宋時期不乏類似捏麵的物品，如仿製花、果……等，以做為祭祀品。到宋元時，民間大型宴會，常擺置麵粉捏製的各種人物、鳥獸，供客人觀賞，以熱絡氣氛。到了明末清初，每逢廟會趕集之時更常見捏麵師傅展現創作的好工夫。

　　捏麵人是一種非常值得推廣的民間藝術創作，可促進豐富的想像力，與培養專注的精神。捏麵人的主角通常是大家熟稔的人物、動物或童話故事，所以識別度必需非常高，讓人一眼就能辨認，才算高明。例如捏西遊記裡的孫悟空、豬八戒……等人物，必須掌握其各別的精髓，才能刻畫出那份鮮活的樣貌。通常捏人物從臉部開始著手，有人稱之為「開臉」，其中又以眼神最為重要，所以必須深入去體會其個性和容貌。「深入了解、細心拿捏，才能維妙維肖地表達其神韻。」從師傅專注的表情依稀可以體會出這個道理。

　　捏麵人主要材料是麵粉和糯米粉，麵粉通常選擇軟硬適中的中筋麵粉，添加糯米粉主要是在加強其黏度，兩者通常約四比一的比例，煮熟後再加一些香蕉油及食用色素。最早期的捏麵人可以食用，有的甚至還包豆沙餡，後來慢慢演變成純賞玩的民俗藝品。

　　捏麵人的工具非常簡單，通常包括竹籤、梳子、剪刀、墨筆等，是屬於通俗藝術，只要有興趣，人人可玩味。在顏色方面講求的是鮮豔亮麗，以充分展現其風采。

「只要投入感情，就可看到生命力！」現場看著師傅製作捏麵人，搓、捏、黏，每一個動作都非常細致，師傅的心血彷彿賦予了捏麵人新生命，也許這就是它和塑膠製品最大的區別吧！

看著師傅的巧手動作非常俐落地完成充滿創意的作品，讓人嘆為觀止。「如果做壞了怎麼辦？」「捏麵人的好處，做壞了可以重做，這一點和人生不一樣，人生有很多事不可以重來……」多麼具有哲理的話。捏麵人做壞了，可以重新修飾，或再做一個，直到滿意為止；而人生有很多事，很難像捏麵人一樣重新來過，例如歲月、健康、愛情……等，失去之後可能空留遺憾，人生豈能不用心經營？

捏麵人，一項多彩多姿的民俗技藝，透過巧手創造了繽紛世界，也融合不少美麗的記憶和生活智慧，對傳承這些工藝的師傅，我們應多給予一些鼓勵的掌聲……

原載更生日報副刊 2013.03.25

挽面水噹噹

　　走過板橋林家花園旁的小巷子。看到幾位挽臉師傅正認真地施展功夫，用一條細棉線，搭配些許白粉，就可挽出美麗的臉龐，令人佩服。

　　「阿嬤，妳真厲害！」阿嬤靦腆的笑一笑。她從年輕時就開始幫人挽臉，如今已有四十幾年的歷史。

　　挽面是傳統女人的美容方法。師傅先將白粉（閩南語：膨粉）均勻地抹在臉上，然後拿出一條細棉線將其交叉成「又」字的形狀，並將線的一端含在嘴裡，配合左右手的拉力，一拉一鬆，即可將臉上的細毛和粉刺拔出。除了力道要適中，棉線須緊貼臉部才不會疼痛，這些都需要經驗與技巧。

　　記得小時候在鄉下常見幾位婦人相互挽臉的有趣畫面。挽面不僅是美容，也是一種禮儀和習俗。「挽面禮」是古代嫁娶六大禮之一，依臺灣習俗女子出嫁前，由福壽雙全的老一輩婦人幫忙挽臉稱之為「開面」，或稱為「修容禮」。將面容修得白淨美麗，這樣才會「有人緣，得人疼。」帶來吉祥如意的好運氣。另外臺灣也有俗諺云：「二十四送神，二十五挽面。」隱含除舊佈新，迎接新的一年之意涵，足見在早期的農業社會，挽臉是非常普遍的現象。

　　七十年代之後，隨著經濟的發展，各式美容化粧的商家林立，化妝品與化妝方式亦日益多樣化，挽臉的行業日趨沒落，近年來，懷舊商品越來越受到歡迎，這種阿嬤天然美容術又受到重視。

　　相對於先進的美容術，挽臉不論就經濟觀點或美容效果絲毫不會遜色。有人說：「現代的美容靠的是化妝品和儀器，以前的人靠的則是技巧和經驗。」頗有幾分道理。尤其是挽面除了有點疼痛之外，不必擔心黑心化妝品造成負面影響，當然一定要注意器具的衛生和膚質，避免受感染造成皮膚過敏。

　　挽面自古以來即為天然的美容術，有些人為了增進大家對這項手藝的認識，將其寫成歌謠，例如尤慧美老師作詞的閩南語歌謠〈挽面〉寫著：「愛水查某去挽面，白粉拿來糊歸面，看到熟識不敢認，聽人咧叫不敢應。」維妙維肖的表達出挽面的趣味性。另外有一個閩南語猜謎「四目相向、四角相撞，一個咬牙根、一個面肉痛。」謎底答案就是「挽面」，足見早年挽面是一種非常普遍的美容術。

　　挽面多麼經濟實惠的美容方法，靠著簡易的棉線和技巧就可挽出「水噹噹」的臉，讓人驚豔！

原載臺灣時報臺灣文學 2013.02.07

懷舊木炭情

　　傳統產業，隨著社會型態改變，逐漸消聲匿跡，值得慶幸的是，有心人士導入創意思維，為這些產業注入新的生命力。

　　假日，偕內人造訪造橋木炭博物館，多元用途與創意作品，令人驚豔。怎麼會有如此特殊的博物館？主要緣起於館主一份惜情念舊的鄉土情懷，苗栗造橋鄉原本有「炭的故鄉」之美譽，四、五十年代，炭是造橋鄉經濟主要來源，有一大半人家以燒製木炭為主業；「看著炭業默默走入歷史，多麼可惜……」心中的不捨，激起館主成立木炭博物館的念頭，於是他花了五年時間，走訪各地蒐集炭的各種文化，成立臺灣第一座具有教育與文化氣息的炭博物館。如今，這裡已成為探索炭知識與文化的寶庫。一個理想，加上鍥而不捨的努力，開創自己美好的願景。

　　木炭文化與藝術充滿奧妙，尤其結合在地特色的產業，更隱含一份深沉的鄉土情感，磁吸來自各地的遊客。「好漂亮的創作！」博物館放置各種炭雕，十二生肖、農夫與牛車、水果……等，美不勝收。尤其角落裡有一座木炭琴，格外吸睛，輕輕敲打，聲音頗為清脆悅耳，這是由硬度非常高的備長炭做成，維妙維肖的作品，教人嘆為觀止。館內設有一系列簡明介紹，白炭（備長炭）、黑炭、竹炭等，各種炭的製作

與用途都不同，尤其連結健康與養生觀念，為炭注入新的生命力。

　　木炭在記憶裡，與民眾的生活頗為密切。「這是木炭熨斗！」「那是竹籠！」幾位阿公、阿嬤站在櫃子前，端詳櫃裡的炭用品，興高采烈地閒談著當年炭的記憶。木炭熨斗，加幾塊木炭就可燙衣服，挺不錯的！竹籠，在竹器內的小鐵盤，放幾塊木炭，雙手放在竹籠上，功用就如冬天的暖暖包。木炭連結不少人美麗的回憶；記得小時候，我家大灶主要燒的是相思木，這種木炭用來烤地瓜非常搭配，香噴噴的味道，令人回味無窮；冬天，母親經常將木炭放在烘爐內，家人一起取暖、聊天，享受天倫之樂，令人感覺格外溫馨與幸福；另外值得一提的是，小時候在嫁娶場合，也經常可看到木炭的出現，炭寓意熱情與興旺，象徵帶來美滿的姻緣。愛與正向思維，為黑漆漆的木炭融入祝福意涵，帶來美麗與浪漫的憧憬。

　　在物質匱乏的年代，木炭可以說是生活中的好朋友。現在木炭用途看似逐漸沒落，其實不然，在科技與創意的加持下，炭的用途更為寬廣，如洗髮精、除臭包、床墊……等，多種日常用品添加炭的元素，帶來特殊風味。功能決定存在的價值，看似不起眼的木炭依稀亦闡述著這項萬物通則。

　　木炭隱含「化朽木為神奇」的魅力，鄉土文化與觀光相結合，讓逐漸式微的產業，彩繪出美麗願景。觀賞諸多木炭創作與產品，心中有一種遇見老朋友的喜悅……

原載馬祖日報鄉土文學 2017.03.07

臺灣味的茄芷袋水噹噹

　　傳統的物品，有時導入創意思維能增添物品的生命力，帶來不一樣的感覺。

　　讀研究所的女兒，今年生日收到劉姓好友寄來的禮物，是一只非常精緻的「茄芷袋」，收到這份禮物，女兒非常開心，還特地拍照 po 上臉書，看到的人都說「讚！」紛紛詢問：「在哪裡買的？」

　　讓我驚訝的是四、五十年代的日常用品經過改良，現在竟然是年輕人時尚的禮物。如果不了解狀況，乍聽茄芷袋，

還以為是早年農家用三角藺草編製的袋子，當年這種袋子家家戶戶都有好幾個，而且使用率非常高，用途也非常廣。可以說是萬用袋，裝菜、裝雜物，甚至小朋友也用來當作書包。這種藺草編成的茄芷袋現在很少見，偶爾會在古厝或古文物館中發現，但也都已蒙上歲月的風霜，只能觀看不能使用了。

「茄芷袋是我家鄉臺南後壁的地方特產，純手工編製的喔！」這位朋友還特地強調這份禮物是自己家鄉的產品。早期臺灣很多農村生產茄芷袋，如臺南後壁、臺中大甲……等地區，不少農家從事編製茄芷袋的工作；後來隨著塑膠產品日益普遍，茄芷袋的功能逐漸被取代，近年來，又吹起懷舊商品風，創意茄芷袋的產品又逐漸受到關注。

「阿嬤，妳的茄芷袋怎麼這麼漂亮！」有一回，我和妻子去臺南旅遊，在菁寮老街看到一位阿嬤在編製茄芷袋，素材雖由藺草變成條狀的塑膠帶，但編製方法仍然依循傳統步驟。阿嬤告訴我，原本她編製的是傳統樣式的茄芷袋，在臺北讀書的孫女說：「東西要加一些創意，才能跟得上時代……」現在阿嬤的茄芷袋隨著時代的改變，更講究配色和添加一些造型，顯得更生動、更有特色，很多人買來當成女用包包，生意比以前好很多，有一回，一對外國情侶一口氣買了好幾個，沒想到傳統的臺灣手工藝竟然如此有魅力。「這麼漂亮的茄芷袋一個多少錢？」「只要五百元，賺賺工錢啦！」阿嬤有一點靦腆，怎麼這麼便宜？我想，阿嬤應該想薄利多銷，一面推廣傳統工藝，一面分享編織的樂趣吧！

仔細端詳阿嬤茄芷袋的編織結構,雖說是手工,但卻有一體成型的精實與傳統工藝的美感,內人當下買了五個,分送友人,收到茄芷袋的好友莫不讚嘆不已!傳統的農村工藝,加入一些巧思,讓樸實的產品,增色不少。

　　其實,這些兼具傳統與現代特色的「茄芷袋」,不但新潮而且實用,相對於動輒數萬元的名牌包,毫不遜色,尤其純手工的編製,除了耐用之外,更融合著一種藝術之美。本土的「茄芷袋」,多麼精緻而美麗的產品!

原載臺灣時報臺灣文學 2014.01.05

石板巷的美麗邂逅

石板巷，一條霧台部落最美麗的巷弄，古樸而優美的景觀，處處充滿驚豔。

假日，偕內人造訪屏東霧台部落，走在石板路上，腳步格外輕鬆，在一家石板屋內看到老阿嬤正在編織藝品，走近一看，阿嬤是用曬乾的月桃莖片，以「一壓一挑，上下穿插」的方式編織月桃手提包，動作相當靈活，和阿嬤打招呼閒聊，得知她高齡九十五歲，值得稱許的是，阿嬤仍然耳

聰目明，充滿活力。

　　「月桃葉是很好的編織材料……」阿嬤從年輕就喜歡用大自然的素材，編織各種生活用品，尤其對月桃葉有一種特殊愛好。她指著一條漂亮的月桃涼蓆說：「這個是給大家看，不賣的！」阿嬤的工藝品有些是非賣品，僅供觀賞。「好東西與好朋友分享」，編織手工藝品，對她而言已不只是謀生工具，而是一種興趣，一種樂活人生的方式。開朗的天性為她的手工藝品，注入了難以言喻的生命力。

　　從阿嬤的身上可驗證到「多動手、多動腦」的確有益身心。「阿嬤的身體真好呢！」我讚美她身體好，她笑得非常開心，並比出讚的手勢，阿嬤愉悅與專注的神情為「知足常樂」做了最簡明而貼切的詮釋。阿嬤用一個優質嗜好、一顆樂觀的心編織出美善的人生。

原載中華日報副刊 2019.07.26.

百年製鼓精益求精

　　鼓聲融合激勵人心的因子，鮮明的節奏彷彿傳遞著豐沛的生命力；走訪新莊「響仁和鐘鼓廠」，耳畔傳來陣陣「咚、咚」的鼓聲，讓人精神為之一振。

　　師傅正專注地在試音，將鼓皮調到最適合緊度。「製鼓沒有什麼大學問，關鍵就在於態度，製鼓過程一定要嚴謹，每一片木板都要自然風乾，按照尺寸與角度緊箍在一起，鼓皮也要適度繃緊密合，只有用心投入，鼓聲才會有生命力。」王師傅邊操作，邊向大家解說製鼓要訣。態度決定品質，為製鼓下了最簡明扼要的注解。

　　寓意「悠揚、寬宏、謙遜」的響仁和鐘鼓廠，已有近百年歷史，「響仁和」取自佛經：「佛響仁和，棄惡揚善。」非常富有意義的名號，將擊鼓意涵提升至淨化人心的境界，教人讚佩。的確，鼓聲具有導引人生的深邃意涵，《湖濱散記》作者梭羅曾說：「如果一個人的步調和其他的同伴不一樣，那是因為他聽到不同的鼓聲；且讓他按照自己所聽到的音樂節奏前進吧！」多麼具有哲理的意境。

　　就現實層面而言，鼓自古以來即和民眾生活非常密切。祭祀、競技、表演、舞龍舞獅、划龍舟及古代作戰，大多會用到鼓，甚至為維護權益，古代亦有擊鼓伸冤之說，鼓的用

途非常廣。常見的鼓有大鼓、小鼓、龍鼓、獅鼓、廟鼓、陣鼓……等，大小型式非常多樣，每一種鼓都有它獨特的意義，頗耐人尋味。

　　將優美的傳統工藝融入生活中，才能牽動彼此的心靈。響仁和近年來除了產品獲得肯定之外，並積極推動及參與各種藝術活動，例如在新北市「鑼‧鼓響雲霄」文化特展中，透過導覽，以歷史介紹、製作過程、體驗打擊等單元，讓民眾了解製鼓的歷程與親自體驗鑼鼓的樂趣，期能帶動鼓藝風潮。並協辦「新北市樂舞節」吸引一千多位民眾同場擊鼓，磅礡的氣勢，震撼人心。

　　鼓的結構看似平凡無奇，其實蘊藏諸多學問。鼓的製作過程主要包括鼓身、鼓膜及繃鼓等階段，每一個階段都非常重要，必須環環相扣、緊密結合，稍有疏失即會影響到整體品質；鼓聲清亮或低沉關鍵往往就在細微的動作裡。

　　「製鼓每一個細節都不能忽略！」製作鼓要有耐心、毅力和追求完美的精神。

例如牛皮每一個部位的柔軟度都不一樣,如何拿捏?都必須靠經驗。鼓膜的良窳攸關音色,因此必須依據顧客的需求,秉持「慢工出細活」的原則,不斷調整、試音,以達到最完美的狀態。「讓顧客滿意,才能打響名號!」是的,一家店要傳承近百年,多麼不容易,必須有「信用」的口碑做後盾,才能生意興隆。王師傅洋溢著樂觀與自信的臉龐彷彿訴說著:「弘揚傳統工藝,是我一生不悔的承諾!」響仁和傳承先人的智慧與技能,守住求精、求實的精神,值得喝采!

　　「來,大家拿鼓棒打打看!」我拿起鼓棒滿懷欣喜地敲擊著師傅剛調好音的大鼓,「咚、咚、咚」每一個聲音,依稀都傳送著一份喜悅與熱情。擊鼓,多麼美好的體驗……。

原載金門浯江文學 2017.06.10.

舊書攤

　　到舊書攤找書是一件很開心的事，不單是舊書攤的書價格比較便宜，而是有些陳年絕版好書，很可能會在舊書攤找到。如果能找到在書店已見不著，而正是你喜歡的書，一定會如獲至寶，欣喜萬分。

　　早期臺北較有名的舊書攤，分布在牯嶺街，除了舊書之外，街上還有些骨董、玉器、古畫和飾物，徜徉其間會感受到幾許古色古香的氛圍。後來大部份的舊書攤轉移至光華商場，那裡的商店較集中，找書滿方便的。唯一的缺點因為在地下樓層，通風設備較差，如果是夏天會較為悶熱。但假日還是吸引很多人潮，也許是書香的吸引力吧！環境品質再差只要能找到自己喜歡的書還是值得的。

　　在舊書攤，我喜歡找文學類的書籍，尤其有些作家早期剛開始提筆寫作的作品，文筆樸實無華、真摯感人，常讓我愛不釋手。有些舊書保存得很好，甚至有些書還會有很不錯的眉批，讀者的感想有時也相當精采，這些文字，對舊書多少會產生一些加分作用；相對的，也有些舊書亂畫一通，當然也會產生負面的影響。在舊書攤有時會遇到特別的狀況，有一次，在舊書攤看到自己寫的書，雖然很有親切感，但心中亦會有一股難以言喻的感覺，也許是一份不捨吧，乾脆買

回家「敝帚自珍」。其實，還有比這個狀況更讓人百感交集的，就是看到贈送朋友的書，流浪在舊書攤。曾經有一位知名作家在舊書攤看到自己簽名送人的書，難過之餘，他又買回來「再贈」這位朋友，其胸襟與幽默感讓人佩服。寶劍贈英雄，好書贈知己，贈書宜慎重，以免讓自己題字的書流落舊書攤，對不起自己。想想，寫一本書要付出多少心血啊！

　　也許是習慣，現在只要經過舊書攤都會停下腳步進去逛一逛，前些日子在嘉義民雄發現一家頗具規模的舊書攤，佔地約八十餘坪，藏書上萬冊。在小鄉鎮怎麼會有如此規模的舊書攤？經了解，原來是一年前，一位黃姓先生得知，他的朋友在臺北經營三十年的舊書攤準備結束營業，一份愛書的使命感，加上有感於知識的重要及家鄉購書來源較欠缺，為回饋鄉里黃先生將整個舊書攤的書搬回家鄉，讓家鄉的學子能買到又好又便宜的書。他說：「當年如果沒有讀書，現在可能會比較辛苦……」這家舊書攤不但提供良好的閱讀環境，且鼓勵清寒學生免費拿書回去看，甚至幫學生出往返的交通費。老闆本身是愛看書、買書、藏書的文化人。今年父親節還辦「阿爸來看冊」慶祝父親節活動，節前陪父親到舊書攤就送購書券，希望在送禮物、吃大餐……等方式慶祝佳節時，也多一項充實心靈的另類選擇。讀書能創造機會，改變人生，促進社會進步是其堅持的理念。這家舊書攤的牆上寫了很多鼓勵閱讀的標語，黃老闆在歡迎「阿爸來看冊」的活動中，用閩南話說：「阿爸帶阮來看冊，真像天上有明月，影響一生

上界多，才知知識是機會」、「阿爸帶阮來看冊，一生成就回頭算，上界懷情彼當時」。閩南話「上界多」就是最多，「上界懷情」就是讓人最懷念，看了讓人感到非常窩心。

　　舊書攤不僅能提供購書的來源，而且可以經營得很溫馨、很有意義；不論時代如何改變，網路如何發達；舊書攤仍是很多愛書人喜歡去的地方。走，去一趟舊書攤尋寶吧！

原載青年日報副刊 2011.09.28

紙寮探秘樂無窮

　　傳統產業導入文創思維，往往會帶來令人驚豔的風景。

　　旅行埔里，順道造訪廣興紙寮，走進園區，各種設施頗引人矚目，仔細觀看，可深深體會到一張紙的產生，是多少人血汗和智慧的結晶。

　　好山好水的埔里，氣候與水質良好，生產的紙張，不會因時間或日曬等各種因素而變質，因此埔里成為生產手工紙最佳的地點，因而贏得「紙的故鄉」之美譽。再者，當年為了取水方便，造紙場所通常設置於河流附近，而且為預防河水氾濫成災，各項設備，以簡單實用，易於搬遷重組為原則，因此造紙處所，大多以「紙寮」自居，而不稱為紙廠。

　　造紙的材料有哪些？導覽人員帶大夥兒至庭院介紹各種可作為造紙用的植物，諸如馬拉巴栗、構樹、桑樹……等，植物對人類的貢獻實在非常大。紙由於原料不同，做出的顏色與材質也不同，有一種特別命名為「惜福紙」，是以廢棄笁白筍殼精製，隱含愛物惜物的精神，這種紙適用於書畫，頗具特色。值得一提的是，紙寮為落實環保概念，造紙素材日益廣泛，稻草、麥殼、洋蔥皮、蔗渣、檳榔樹幹……都已納入，生產品質不錯的手工紙。

　　取材，是造紙的第一步，接著是蒸煮、漂洗、打漿、抄

紙、壓紙、烘紙、成紙，其中最奇妙的過程就是抄紙，主要是將紙漿纖維重組。大夥兒聚精會神的看著師傅將竹篩放入紙漿中，再慢慢拿起，並輕輕擺盪，讓水份從竹篩中瀝去，紙漿纖維就會均勻附著在竹篩上，並精巧的取下堆疊成大塊的豆腐狀，熟練的動作，令人嘆為觀止。而烘紙，必須將紙張一張張平鋪在高溫的鐵板上，拿著重約一公斤的松針刷，刷平紙張，工作單調而辛苦，尤其夏天更必須忍受高溫的煎熬。鐵板上的標語寫著：「紙的誕生是心力和汗水的結合，請珍惜用紙。」看完整個造紙流程，讓人深刻體會到這句話的意義。

「好好玩！」一位小女生開心地在 DIY 區體驗拓印樂趣，「好棒喔！」媽媽在旁加油，親子互動頗為溫馨。為讓大家體驗手工紙的各種用途，這裡設置有教學區，並備有各種工具及材料，製作紙扇、小夜燈、拓印……，各依所好，自個兒動手，樂趣無窮。不少學校來此戶外教學，除了增進造紙的知識之外，更能體會環保愛地球的重要性。

有趣的是，這裡還有可以吃的紙，以蔬菜、水果的纖維製成紙食品，頗具創意。我和內人買了兩包酥脆紙片，這個以紙素材做成的食物，口感還不錯呢！

紙對人類的文明進步，扮演重要的角色，至今，紙的產品與我們的生活仍息息相關。廣興紙寮傳承手工造紙，透過多元活動，分享造紙風采，為傳統產業開創出亮麗的一頁。

原載金門浯江文學 2018.07.31

腳踩幸福履痕

傳統產業，導入文創思維，帶來新風采，令人嘆為觀止。

造訪位於蘇澳的白米社區，懷舊與創新交融的特殊風情頗耐人尋味。此聚落舊稱「白米甕」，由於盛產適合製作木屐的江某樹，致發展出木屐產業，成為當年木屐的重要產地，因而被稱為木屐村。

走進社區木屐館，各式各樣的木屐琳琅滿目，教人目不暇給。「哇！好大的木屐！」一雙特大號的木屐陳列在大廳，大小彷彿是一張單人床。館內處處充滿「木屐」意象，天花板、燈飾、座椅……等都巧妙地融入木屐的概念。

為了解木屐的製作流程，循指標走往工藝教室。「好熟練的工法！」教室有現場製作木屐的匠師，從製版、裁鋸、磨光……逐一講解示範，精巧工法吸引

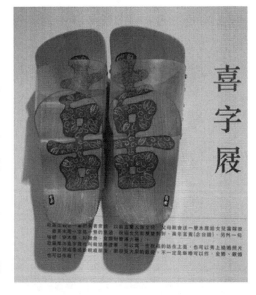

不少目光;「可以下場體驗喔!」親自動手做一雙木屐,逸趣橫生,先人的工藝智慧,在歲月的醇釀下,煥發成生活美學。

「這雙是喜字木屐,以往宜蘭人嫁女兒會送上一雙木屐,象徵雙雙對對,萬年富貴……」導覽志工熱心地為大家介紹各種木屐的意義。這裡的木屐種類非常多,有一般木屐,也有著重功能性的木屐,如按摩木屐、抬頭挺胸木屐、登山木屐……等,饒富趣味。

看看這些木屐,耳畔彷彿傳來「叩、叩」的木屐聲,這個聲音融合著不少人的記憶。農業社會木屐曾留下教人難忘的履痕,在鄉下,不論居家或在街道都可聽到木屐的聲音,尤其三合院裡此起彼落的木屐聲,增添了幾許熱鬧氣氛。

DIY能增進互動與樂趣,我和內人參加了木屐文創的體驗,拿起工具敲敲打打,完成了一雙小木屐,還烙印自己喜歡的文字;我和內人分別以電燒筆在小木屐寫上「平安喜樂」;總覺得生活平安、心情喜樂,就是人生最大的幸福。小木屐雖然做得不夠精巧,但鑲嵌著諸多美好的回憶。

「一、二,一、二……」館外廣場有遊客正體驗「穿協力木屐」競走的趣味活動,時而傳來開懷笑聲,愉悅的模樣讓人稱羨,木屐導入遊戲與休閒,魅力無限。

隨著生活形態改變,木屐業雖已逐漸沒落,但白米木屐村將逐漸消失的產業導入休閒與文創,開闢了亮麗空間;遊賞其間,豐美的手作藝品,讓人眼睛為之一亮。

原載青年日報副刊 2019.04.20

三和瓦窯新風采

　　懷舊設施，融合著先人的智慧與血汗，經過歲月的醇釀，更見其美麗風采。

　　三和瓦窯，已有百年歷史，是高雄大樹地區燒窯鼎盛時期，頗具規模的窯廠之一。隨著建築型態的改變，傳統瓦窯逐漸沒落，值得稱道的是，三和瓦窯至今仍堅守這份傳統產業，融入文創元素開拓亮麗生機。

　　走進園區，踩踏在紅磚鋪成的道路，別有一番風味。右邊的牆面上有燒窯流程彩繪，泥塑、搬運、燒製……等畫面，精巧的呈現出燒窯的場景，道路兩旁有各種瓦窯裝置藝術，可愛的豬仔、烏龜、猴子……擺出坐、臥、立、躺等姿態，維妙維肖的造型教人莞爾；另外並以實物介紹各種磚塊：六角磚、圓柱磚、燕尾磚……，從各種多元的造型，可領略先人對居住空間營造的用心和美學素養。

　　行抵展場，古色古香的布置，宛如燒窯博物館，透過實物、圖片與文字，讓大家了解臺灣磚瓦發展史、磚瓦製作流程……圖文對照，仔細觀賞、領會，豐富的內容，頗能引人入勝。「土地的傳說，從農耕綠作時漫開，赤腳踩踏間無聲轉變；回望時，記憶的窗口，依稀看到歲月的遺痕，在空間迴盪。想用夢想、用意念，用心動的力量，在緊促的時代裡

緩慢訴說磚瓦空間的故事……」窯主用感性的文字書寫出依然執著於先人產業的因緣。的確，在時光隧道裡，冷硬的磚窯，不只堆砌美麗的建築，更收納不少人溫暖的記憶。

展場正後方有一張大磚椅，古樸椅面勾勒有愛心造型，寓意人生要「磚情」，專心誠意守護人生伴侶。有趣的是，磚椅背面剛好有一間原汁原味的紅磚老屋，整體氛圍充滿古典而喜樂的氣氛。我和內人在此拍照，留下浪漫身影。

玩磚弄瓦樂趣無窮，「我的彩繪小豬仔好漂亮喔！」ＤＩＹ區傳來開懷的笑聲，除了彩繪之外，製作杯墊、喜瓦、砌磚……，動動腦、動動手，上一堂快樂的勞作課，也有玩起疊磚樂和小磚骨牌，充滿趣味性的場域，洋溢著愉悅氣氛。

轉往「磚賣店」，古早的文創空間，海報寫著「一塊磚，一片瓦，一世人的真情」。展品琳瑯滿目，迷你的古厝、大

灶、磚雕……各種文創物品琳瑯滿目，教人目不暇給。

　　連結綠色空間的建築，能增添悠然自適的氛圍。三合瓦窯，周遭是秀麗的鄉村景色，小橋、流水、綠地，漫步其間，腳步格外輕鬆。

　　歲月的步履不斷向前，很多往日的足跡逐漸褪色；輕輕打開記憶的窗口，三合院的屋瓦紅磚勾勒出農業社會的溫馨畫面，教人回味無窮……

　　　　　　　　　原載更生日報副刊 2019.10.21

稻草藏珍珠

　　看似不起眼的稻草，經過文創與藝術的加持，揮灑出亮麗風采，令人驚豔。

　　造訪宜蘭冬山珍珠社區，此聚落原屬平埔族噶瑪蘭三十六社之一。綠意盎然的田野和古樸建築，連結成美麗的鄉村風情，尤其是「稻草工藝館」展示琳琅滿目的獨特創作，館前幾個稻草人綻露笑靨，歡迎遊客到訪；入口處的稻草發財豬也擺出可愛的動作熱情迎賓，饒富逸趣。

走進館內，淡淡稻草香和啁啾鳥語，勾勒出農莊的特有風情，以稻草為素材製成的面具潛藏幾許神祕感。這裡的稻草作品獨具特色，活靈活現的動物塑像、精緻稻草織袋、改良版草鞋……還有融入童趣的稻草木馬、風車、娃娃……等。最吸睛的則是稻草畫，特殊的材質加上手感溫度，增添古樸又典雅的風味。

「這條全國首創的稻草龍，由於工法精緻，曾三度獲邀前往總統府前廣場亮相，參加喜慶活動……」導覽志工特別為大家介紹稻草龍輝煌的歷史，仔細觀看，栩栩如生的樣貌，每一根交織的稻草依稀都融合著農人樸實與堅韌的獨特性格。

傳統器具勾勒出美麗的記憶，館內除了放置稻草工藝品外，四周亦陳列桿秤、蓑衣、竹簍、菜櫥……等，那些懷舊物品牽繫著阿嬤時代的故事，教人備感親切。最醒目的還有編製草蓆與草繩的機具，有專業的導覽志工協助遊客操作體驗，老舊的設備彷彿訴說著物力維艱時代，先人「化腐朽為神奇」的故事。

稻草是農業時代的珍寶，與日常生活息息相關。通常農家於稻子收割後，收集稻草稱「摠草」，然後帶回堆成「草垺」備用，稻草用作燃料、堆肥、家禽保暖、製作草繩及草鞋……甚至還可用來當作飼養牛隻的乾糧，農友們物盡其用的精神值得稱許。

為了體驗稻草文創的樂趣，我和內人加入稻草娃娃筆

DIY 的活動，依志工老師的講解，小心翼翼地將花布套入筆身和稻草、綁麻繩、畫臉部五官……大夥兒彼此觀摩，看看誰的手藝精巧，彷彿回到學生時代的勞作課，逸趣橫生。

　　珍珠社區秉持愛物惜情的理念，以稻草鋪陳美麗記憶，將原本面臨廢棄的稻草注入新的生命力，煥發出珍珠般的光澤，為遊客帶來幸福的心靈饗宴。

　　　　　　　　　　原載青年日報副刊 2019.05.04

叫賣聲

「修理紗門、紗窗、換玻璃……」好久沒有聽到這種逐漸消逝的叫賣聲。不自禁打開窗戶，看看那輛在巷口緩緩前進的小車子，車上掛著小擴音器，反覆播放相同的叫賣聲。

記得小時候住在鄉下，經常會聽到一些叫賣聲，有高亢、有低沉、有破嗓，也有靠器材來發出聲響的，不論如何，目的只是要告訴大家：「我來了！」他們出現的時間大多滿固定的，有時候時間到了，沒有聽到這些聲音，還會有點不習慣。

上午出現的叫賣聲，通常是賣杏仁茶、豆奶、包子饅頭、醬菜、豆腐……，因為這些和早餐較有關，醬菜的生意不錯，當年生活貧困，非常流行吃稀飯配醬菜，買個二、三道醬菜，全家人就可吃得津津有味。有些叫賣聲很有特色，常會引來小朋友搞笑模仿，例如賣包子饅頭的山東老伯，每次都會拉長喊包子的「包」字，饅頭的「頭」則唸成輕聲的「特」。有一回班上的模仿達人阿隆在山東老伯面前模仿他叫賣包子饅頭的聲音，逗得老伯笑呵呵，還送阿隆一個大饅頭。

到了中午賣枝仔冰、冰淇淋的叫賣聲就會在大街小巷迴盪。聽到「鈴、鈴」就知道賣枝仔冰的來了，聽到「叭噗、叭噗」的聲音響起，就知道賣冰淇淋的攤販一定在附近。尤其是夏天這兩種聲音非常具有魔力，小朋友都會想盡辦法買

來吃。賣冰的搖鈴，搖起來聲音非常清脆，可傳得非常遠，賣冰淇淋是用球狀的小喇叭，捏捏小球會發出「叭噗」的聲音。「叭噗」的樣子太可愛了，所以現在還有賣冰淇淋的小攤販繼續用這種方式。聽到「叩、叩」的聲音就知道是賣麻糬的，這種宛如搗米的聲音，很有懷舊的感覺，現今在夜市偶爾也會聽到類似的聲音。

晚上讓人較深刻的就是賣燒肉粽的聲音，「燒肉粽喔，好吃的燒肉粽！」在冬天的夜裡聽到賣燒肉粽的聲音，經常會讓人受不了，肚子會咕嚕、咕嚕叫不停；叫賣聲的力量真是不容小覷啊！

不定時出現的叫賣聲有很多種。「有酒矸倘賣嘸？有歹銅舊錫簿仔紙通賣嘸？」這個聲音依稀融合著歲月的滄桑，聽起來格外有味道，他們收購的東西非常多元，包括玻璃瓶、紙類、鐵罐……等等。也有要收購鴨毛、鵝毛的叫賣聲。另外如修理門窗、補鍋子、修雨傘……等，只要和生活有關的物品都有人賣、有人買、有人修理。修理師傅真讓人佩服，經過他們的巧手，幾乎都可以化朽木為神奇，延長物品的使用年限，在物力維艱的年代，能省則省，能修則修，勤儉是生活的共同準則。

叫賣聲是四、五十年代共同的回憶，融合著當年生活艱苦的點點滴滴，偶而讓叫賣聲開啟記憶窗口，看看往日歲月的足跡，也許會帶來一些美好的回憶和知福惜福的情懷……

原載臺灣時報臺灣文學 2012.05.22

街頭消逝的行業

在懷舊餐廳的角落，看到當年很多行業的黑白照片，眼前依稀浮現許多有趣的畫面……

四、五十年代有很多行業，例如賣雜細、賣布料、寄藥包、牽豬哥、補鍋子（閩南語：鼎仔）、補傘……，這些行業在時代巨輪的滾動下，雖已消逝在我們的日常生活中，然而他們卻曾是物力維艱時期，人們生活中不可或缺的得力「小幫手」。

賣雜細的通常會拿一支小鼓，腳踏車後面載一個長方形的櫃子，裡面放一些傳統的梳子、粉餅盒、痱子粉、髮夾、明星花露水……等，當時因為交通不方便；因此，賣雜細的小販經常會穿梭在鄉下大街小巷，拿著手搖鼓（閩南語：玲瑯鼓），左右搖擺，二個小鼓錘打擊鼓面發出「咚隆、咚隆」的聲音，「賣雜細的來了！」有時左鄰右舍的鄉親會相互通報，一起來採購。賣雜細幾乎包括所有小件的日常用品，缺貨時也可以向小販預訂，下回取貨；這種宅配服務，真是「服務到家」帶來不少方便。

賣布的通常會騎腳踏車，載幾捆布料，挨家挨戶，推銷布料，通常以臺尺為計量的單位，你只要告訴他要做衣服、褲子、裙子……，概略身高、體重，他就知道大概需要多少

布料。他通常會隨身攜帶一把竹尺、畫線的粉餅、剪刀，客
戶看好布料，他會當場丈量、畫線、裁剪，動作相當俐落。
當年不像現在衣服款式多、價錢便宜，因此買布自己做衣服
或請人代工的狀況非常流行。賣布除了布料要好看、耐用之
外，口才也很重要。「這種材質很高雅，穿在妳身上一定很
年輕漂亮……」多讚美、多展現專業素養，才能提高購買意
願。

　　寄藥包，四、五十年代，醫院、診所、藥房都比較少，
為了方便鄉下的家庭用藥，會有藥商來「寄藥包」，用一個透
明的厚塑膠袋，裡面放一些感冒、頭痛、拉肚子……等家常
用藥，隨袋有一張明細表註明數量、單價及適應症狀，每隔
二、三個月藥商的業務員會來補貨並收錢，依使用的數量收
款，沒使用不必付錢，當年幾乎家家戶戶都會有這種「寄藥
包」的藥袋，有時大家也會相互討論用藥心得，什麼症狀，
吃什麼藥，「吃好鬥相報」，感覺上當年這些藥都滿好用的，
也不會像現在擔心吃到「黑心」藥品。

　　牽豬哥，村子有一位養種豬的老闆，大家都稱呼他「豬
哥伯」，聽說他的種豬品種不錯，讓母豬受孕的機率滿高
的。那時幾乎家家戶戶都會養幾條豬隻增加收入，尤其會養
一、二條母豬用來繁殖小豬。豬哥伯，幾乎村子每一個人都
認得他，有農家的母豬發情需配種時，通知他，他很快就會
牽著一條壯碩的豬哥來，有些豬哥大概走太累了，嘴巴還會
流口水。如何讓公豬母豬達成任務，聽說「豬哥伯」很有一

套，有些小朋友好奇會圍過去看豬隻交配，但都會被大人趕走。後來大概生意不錯，「豬哥伯」改用摩托車拉一輛特製的運載車，讓豬哥不必那麼耗費體力，要走遠路又要展現雄風。

補鍋子，一個鍋子用好幾年，破了還要補，現在聽來有一點不可思議，但當年確是如此。補鼎仔的師傅通常會選定街角的固定角落做生意。當然有些鍋子破了捨不得丟，不是因為怕花錢買鍋子，而是有些鍋子用久了，比較順手，而且也有一份感情，有些東西舊的真是比較好用！

修傘，現代雨傘壞了有誰想到要修理？當年雨傘壞了不論是骨架壞掉，還是傘面破了，大部分的人都會送修。修傘的價錢，通常看破損的程度，但不論如何，比買新傘要便宜許多，修傘的師父手藝非常精巧，通常一把傘不到十分鐘就可以修好。

在物質匱乏的年代，各行各業提供不同的服務，偶爾想起這些有趣的行業，依稀更能體會出上一代人勤儉耐勞的打拼精神……

原載臺灣時報臺灣文學 2012.05.11

回甘的懷舊歲月

　　將往日美好的歲月定格，享受那段懷舊風情，讓人滿心喜悅！

　　為回味五、六十年代美麗記憶，和內人走訪苗栗通霄「石蓮園」，走進園區，古色古香的設施與布置，依稀讓人走入時光隧道……

　　園區隨處可見大大小小的甕，一個個古甕彷彿珍藏著大家美麗的記憶。漫步小徑，蓮花池裡朵朵的睡蓮綻放笑靨迎接遊客，池畔幾隻白鷺鷥悠然地覓食，增添不少詩情畫意。「好清涼的水！」池邊有一座早期抽水幫浦，看起來非常有親切感，我輕壓一下手柄，出水口嘩啦啦地流出水來；在沒有自來水的年代，古井和手壓式幫浦是最主要的取水方式。看到這些農業時代的好朋友，當然要探望一下，打個招呼；不少人在此拍照，留下美麗身影。

　　園區有幾座木造涼亭，桌椅是用枕木做成，周邊並妝點有不少漂流木，天然素材散發典雅而悠閒的氛圍。「坐一下吧！」在綠意盎然的園區，享受陣陣地自然風，有一種忘憂的暢快感，牆角停放有一輛骨董級的腳踏車，雖然老鐵馬已不堪使用，但仍吸引不少目光。

　　最特別的是園區有數節火車廂，藍色的車身頗為顯眼，

有些車廂經過創意的規劃，成為旅人歇腳的民宿；早期的火車由於速度較慢，遠程夜車設有臥舖車廂，現在要體驗這種感覺，已非常不容易。也許比起飯店、旅館，這些車廂民宿的設施較為簡陋，然而融合往日記憶的景物，依然散發一股難以言喻的魅力。

　　也有幾節車廂原汁原味保持懷舊風貌，讓旅客回味在車上享用古早味便當的滋味。走進車廂，我和內人選坐在靠窗的位置，一眼望去，藍天大海的畫面，美不勝收。搭海線欣賞優美海景，搭山線享受綠野風光，是旅人美麗的期待；這裡屬海線範圍，當然要飽覽海景囉！透過窗戶往外看，很有當年搭火車的感覺，車廂的窗戶，是最早期手動式上下開關的玻璃窗，天花板掛著轉頭吊扇……，以現在眼光來看，這些設備確實較為簡陋而老舊，但熟悉的樣貌，仍牽繫著諸多親切感。

　　「好香的味道！」正值用餐時刻，車上的旅客已有人津津有味地吃起「臺鐵便當」。我和內人也買了排骨和雞腿便當，不鏽鋼製的便當盒，內有兩層，上乘裝有蘿蔔蛋、香腸、百頁豆腐、筍乾、綠花椰菜等家常菜，下層是白飯加主菜──排骨或雞腿，可口美味的菜色，吃起來頗有懷舊風味。「便當、便當！」早年搭乘火車，用餐時刻除了車上會販售臺鐵便當外，車站及月台也會販售具有在地特色的便當，在物質匱乏的年代,吃個鐵路便當,的確是一種旅遊的小確幸！有些風評很不錯，如福隆、池上……便當，頗具阿嬤的好滋

味，讓人回味無窮。

　　「怎麼會想要設置這個園區？」「回顧往日歲月，分享懷舊風情，感覺挺不錯的！」老闆是臺鐵退休員工，秉持一份愛物、惜情的因緣，他買下當年即將面臨報廢的老舊車廂，希望能為大家留下美好記憶。如今，這裡已成為懷舊的景點，吸引不少人潮。生活中，偶而放慢腳步，回顧來時路，在蒼茫的步履中，會發現往日歲月的點點滴滴，有著耐人尋味的滄桑與美麗……

原載青年日報副刊 2016.01.20